Jardines fáciles de cuidar

> Autor: Thorsten Willmann | Fotógrafos: Ursel Borstell y otros conocidos
fotógrafos especializados | Dibujante: Heidi Janiček y Judith Starck

Indice

Jardines de fácil mantenimiento

Las 5 etapas fundamentales

>> rápido y fácil

4 Plantar

Para favorecer un buen arranque es necesario preparar bien el suelo, elegir cuidadosamente las especies y aplicar las técnicas adecuadas.

5 Cuidar

Si las cuida correctamente, sus plantas crecerán sanas, hermosas y robustas.

Descripción de especies

Las 20 más importantes

Las plantas más agradecidas y fáciles de cuidar

Tablas de plantas

Apéndices

HISPANO EUROPEA

Jardinería

Fácil de cuidar
no significa asilvestrado

¿Le gusta la jardinería pero no dispone de mucho tiempo? Cualquier jardín se puede convertir en un pequeño paraíso fácil de cuidar.

Muchas veces se confunde «fácil de cuidar» con una decoración aburrida y pocas plantas. Pero en realidad es todo lo contrario: si desde el principio parte de la base de que el jardín ha de ser fácil de cuidar, usted no tiene por qué prescindir de arriates floridos, sabrosos frutos y frescas verduras. Así podrá ahorrar mucho tiempo y muchos esfuerzos a la vez que disfruta más de su jardín.

Establecer prioridades

Tanto si se trata de reordenar un jardín ya existente como si se parte de un terreno baldío, los pasos a dar son siempre los mismos. Empiece por dejar claras sus preferencias y tenga en cuenta un concepto básico: Una buena planificación constituye ya la mitad del éxito (págs. 10/11). Existe una solución para casi cualquier deseo:

➤ Si tiene niños, planifique una zona resistente y en la que puedan jugar a sus anchas (págs. 16/17).

➤ Si desea que usted y sus invitados puedan disfrutar de los frutos del jardín tendrá que incluir un pequeño huerto con hortalizas, hierbas y frutales de especies robustas (págs. 28/29).

➤ En los arriates puede plantar matas fáciles de cuidar y que se mantengan atractivas durante todo el año (págs. 30/31).

Piense a largo plazo

Para evitar problemas y reparaciones, emplee materiales de buena calidad para realizar los elementos fijos del jardín tales como senderos, muros, pérgolas, lugares de descanso, etc. Una valla metálica resistente a la intemperie sale algo más cara que una de madera sin tratar, pero dura varias décadas y

Este arriate tan variado resulta muy decorativa gracias a las formas de las hojas y el fantástico colorido de las flores.

> El robusto rosal arbustivo de la variedad «Burghausen» no necesita cuidados especiales para florecer incansablemente desde principios de verano hasta principios de otoño.

➤ Los trabajos serán mucho más sencillos si se dispone de los medios técnicos adecuados, como por ejemplo podadora eléctrica para los setos, compostadora rápida y sistema de riego automático (págs. 22/23, 34/35).

➤ El acolchado impide que aparezcan malas hierbas, activa la microfauna del suelo y lo protege de la deshidratación (ver pág. 38/39). ■

su adquisición se amortiza en cuestión de poco tiempo.

Elección de las plantas apropiadas

Todas las plantas tienen unos requerimientos concretos por lo que respecta a la calidad del suelo, la luz y el riego (págs. 8/9). Existen plantas tapizantes, como el evónimo (*Euonymus fortunei*), que viven bien incluso en los lugares más sombríos mientras que otras, como la lavanda, parece como si nunca tuviesen suficiente sol y calor. En cualquier lugar del jardín habrá plantas que podrán vivir estupendamente mientras que enfermarían en otras ubicaciones. Es muy importante tener en cuenta el emplazamiento idóneo para cada una.

Mejorar el suelo

Si las condiciones del jardín no son las idóneas, habrá que tratar de mejorarlo: por ejemplo, si el suelo es demasiado arcilloso y pesado, las raíces no se desarrollarían bien y habrá que mullirlo (págs. 8/9). El mejor comienzo consiste en preparar bien el suelo y emplear las técnicas adecuadas para plantar (págs. 26/27).

Cuidados eficientes

En el jardín fácil de cuidar habrá que efectuar pocos trabajos, pero concretos (pág. 34 y sigs.):
➤ Las hojas caídas pueden dejarse bajo los árboles: es un buen sustituto del humus.
➤ No siempre es necesario recortar las matas en otoño: algunas conservan su atractivo durante el invierno.

Lo primero: conocer las características del jardín

Antes de dar rienda suelta a su imaginación es importante que conozca a fondo todos los aspectos de su jardín.

Tanto si se trata de realizar una instalación nueva como de llevar a cabo una remodelación, lo primero que hay que hacer es dibujar un esquema y plasmar en él todos los elementos. Así se podrá hacer una idea general del conjunto que luego le será de gran ayuda para la planificación.

Las astilbes viven bien en lugares de semisombra y florecen en verano con toda su exuberancia.

Realización de un esquema

➤ Dibuje un plano a escala en el que se indiquen las lindes del jardín (por ejemplo, 1:50 significa que 1 cm del plano corresponderá a 50 cm de jardín).

➤ Represente a escala las construcciones, las terrazas y los senderos.

➤ También es importante indicar las acometidas de agua y electricidad, tanto del jardín como de la casa.

➤ Si se trata de una remodelación, también deberá indicar todas aquellas plantas de las que no quiere desprenderse: su querido y viejo frutal, o quizá su hermoso seto.

Tenga en cuenta el microclima

En todos los jardines hay rincones en los que se da un determinado microclima. A una distancia de escasos metros pueden darse unas condiciones de suelo, iluminación y protección contra el viento totalmente distintas. Hace mucho más calor junto a un muro orientado al sur que bajo un

Existen medidores de pH muy fáciles de usar y que nos permiten medirlo con bastante precisión.

árbol frondoso. Si observa atentamente los distintos ambientes de su jardín y los tiene en cuenta a la hora de elegir las plantas será muy difícil que las cosas le salgan mal.

Determinar el tipo de suelo

Según las características del suelo variará mucho el contenido en agua, nutrientes y aire de los 30-50 cm de su capa superficial. Para que sea fácil trabajarlo a mano y que las plantas se desarrollen bien, lo ideal es que el suelo sea mullido y rico en nutrientes. Distinguiremos tres tipos de suelos principales. Para determinar cada uno de ellos basta con tomar un poco de tierra de distintas partes del jardín e intentar hacer un rollo amasándola con las manos.

➤ Si el suelo es **arenoso**, la tierra se apelmazará y el rollo tenderá a disgregarse. Es muy permeable al agua y al aire, las raíces se desarrollan bien en él y se trabaja con poco esfuerzo. Pero el agua arrastra fácilmente los nutrientes. Es preferible mejorarlo mezclándolo con humus (págs. 26/27).

➤ Los suelos **arcillosos** se pegan a los dedos y los ensucian. Son pesados y están mal ventilados, por lo que las raíces apenas pueden penetrarlos y las plantas crecen muy mal. Retienen bien el agua y los nutrientes. Los suelos arcillosos es conveniente mezclarlos con humus y arena (págs. 26/27).

➤ Los suelos **limosos** se pegan poco y se pueden amasar bastante bien, pero la tierra vuelve a disgregarse en cuanto se ejerce un poco de presión. Sus características son un punto intermedio entre las de los suelos arcillosos y las de los arenosos. Es el suelo ideal para un jardín. Es suelto, fácilmente penetrable por las raíces, retiene muy bien tanto el agua como los nutrientes y se puede trabajar con facilidad. En verano no se cuartea y cuando llueve no se convierte en un barrizal. Es donde mejor crecen la mayoría de las plantas.

➤ *Los muros de piedra seca dan cobijo a un gran número de plantas y pequeños animales.*

La medición del pH

El valor pH es un parámetro que nos indica el grado de acidez o de alcalinidad del suelo, Su escala va de 1 a 14. Los valores comprendidos entre 1 y 7 se consideran ácidos y los superiores a 7 son alcalinos. El 7 es el punto neutro. La mayoría de las plantas prefieren suelos con un valor pH de 5,5 a 7,5. ■

INFORMACIÓN PRÁCTICA

Instrumentos que nos ayudan a conocer el jardín

✗ La pluviosidad se puede medir mediante un pluviómetro colocado en un lugar despejado. 1 milímetro del medidor corresponde a 1 litro por m^2 de suelo.

✗ Un termómetro de máxima y mínima nos servirá para conocer la mínima temperatura nocturna y la máxima diurna.

✗ Una sonda perforante nos permitirá penetrar en el suelo hasta unos 50 cm de profundidad para obtener muestras que nos indiquen cuál es el espesor del estrato superficial.

¡Así quiero mi jardín!

Un rincón tranquilo para leer en paz, un césped en el que puedan jugar los niños o un pequeño huerto con sus hortalizas favoritas: el jardín de sus sueños deberá adaptarse perfectamente a sus necesidades. Después de realizar el reconocimiento previo, tómese algún tiempo para la planificación de su jardín. Si lo planifica con cuidado y de un modo racional, luego se ahorrará mucho trabajo. Por ejemplo, si desea que haya una gran superficie recubierta de césped, evite los bordes sinuosos de difícil mantenimiento y dele al conjunto una forma que sea fácil de regar (págs. 16/17).

Haga una lista con todo aquello que le haga ilusión

Si no está muy seguro de cómo quiere que sea su jardín, navegue por Internet, hojee libros de jardinería o busque la inspiración en revistas especializadas. Y no dude en echar un vistazo a los jardines de sus vecinos, ¡seguro que allí también encuentra buenas ideas!

➤ Si usted tiene familia, deberá pensar en todos y cada uno de sus miembros: por ejemplo, un rincón para juegos, un bosquecillo de bambúes, una barbacoa, un lugar para sentarse a leer y un pequeño huerto (págs. 18/19).

➤ Si le apetece que su jardín posea una estructura muy formal, entonces lo que más le conviene es un jardín arquitectónico (págs. 24/25). En este tipo de jardines se obtiene un elevado grado de elegancia a base de combinar elementos formales tales como esculturas, arriates cuadrados o rectangulares y árboles o arbustos podados con formas precisas, como el boj en forma de bola.

➤ Los jardines románticos (págs. 32/33) pueden estar recorridos por una pequeña red de senderos que conducen a rincones tales como arriates de plantas aromáticas, zona de rosales, estanques, zonas de descanso, etc.

Estos tipos de jardines pueden realizarse estupendamente con

> El boj es la planta ideal para realizar pequeños setos, especialmente en los jardines formales.

Las combinaciones de colores proporcionan resultados muy pintorescos.

plantas fáciles de cuidar y empleando pocos y sencillos medios.

Tome una hoja de papel y dibuje a escala todos los elementos que desea incluir en su jardín, recórtelos y colóquelos sobre el plano del jardín. Así podrá planificarlo de un modo más real.

Planificar desde fuera hacia dentro

Para que algo sea «fácil de cuidar» es necesario ser «previsor», porque una planificación cuidadosa y bien meditada siempre le ahorrará tener que efectuar luego unos cambios que inevitablemente serían caros y molestos.

Empiece siempre por establecer la estructura del jardín: planifique sus límites y los senderos (págs. 14/15) y luego rellene el resto con los elementos que haya elegido: un rincón tranquilo para sentarse a leer (páginas 12/13), un césped multifuncional (págs. 16/17) o unos espectaculares arriates con matas de flores (págs. 30/31).

Cuestión de dinero

Al principio será imprescindible realizar algunos gastos, pero muchos se pueden reducir considerablemente si usted tiene un poco de habilidad.

➤ Los caminos y las vallas pueden construirlos usted mismo, por lo que su coste se limitará al de los materiales empleados (págs. 20/21). Quizá los bordes de los senderos no resulten tan precisos como si los hubiese realizado un profesional, pero eso también contribuye a darles una cierta personalidad. Y el dinero que se habrá ahorrado en su construcción podrá destinarlo a otras adquisiciones.

➤ Los arriates de flores que no deban ser plantados inmediatamente podrán poblarse más adelante con plantas fáciles de cultivar obtenidas a partir de semillas (pág. 27).

➤ Respecto a las compras importantes, es preferible esperar un poco en vez de contentarse con soluciones baratas –tener que efectuar reparaciones no solamente es muy molesto, sino que cuesta mucho dinero–. Los muebles de madera barata, por ejemplo, se enmohecen pronto y acaban por pudrirse, mientras que los de madera más resistente duran décadas sin que apenas haya que cuidarlos.

➤ Considere siempre los pros y los contras de cada una de sus decisiones. Así su jardín solamente le deparará alegrías y siempre dispondrá de tiempo para disfrutar en él. ■

INFORMACIÓN PRÁCTICA

Repartir costes

✗ El primer año, cubra los senderos planificados con una capa de corteza triturada (acolchado) y espere un tiempo antes de pavimentarlos definitivamente.

✗ Compre plantas jóvenes y pequeñas, plántelas en un arriate de cultivo y trasplántelas a sus emplazamientos definitivas cuando ya hayan crecido lo suficiente.

✗ Si coloca una viña virgen en la pérgola, al cabo de 2-3 años ya sustituirá perfectamente a la sombrilla y ésta podrá ser trasladada a un segundo lugar de descanso del jardín.

Rincones frondosos para descansar

Empleando los medios y materiales adecuados es fácil realizar un rincón que sea un verdadero oasis para relajarse. Si elige cuidadosamente la ubicación, el pavimento del suelo y la vegetación, podrá reducir notablemente el mantenimiento.

> *Las sillas de jardín nos invitan a meditar, descansar y relajarnos.*

Compruebe la iluminación del jardín a lo largo del día y adecúe sus preferencias a las circunstancias. ¿Le gustaría desayunar al aire libre o prefiere disfrutar del sol de la tarde? Si en el jardín ya hay algunos árboles grandes, saque provecho de ellos y podrá ahorrarse la sombrilla.

Pavimentos de fácil mantenimiento

Actualmente existe una amplia oferta de pavimentos para exteriores. Lo importante es elegir uno que sea resistente a las heladas, duradero y fácil de limpiar. Las superficies ásperas o rugosas dificultan la limpieza porque en ellas se acumula la suciedad y la hojarasca. Al efectuar la elección también deberá tener muy en cuenta el carácter de su jardín y decidirse por un pavimento que encaje perfectamente en el conjunto.

➤ En los **jardines rurales** encajan bien los tonos cálidos, como el rojo y el marrón-rojizo de las losetas y las losas de piedra natural de la región. El ladrillo es muy duradero y resiste bien las heladas. Su transporte suele resultar barato porque normalmente no es necesario conseguirlos muy lejos de casa. Las losas naturales de granito o basalto se conservan indefinidamente y otorgan un ambiente rústico a la terraza.

➤ En los **jardines estrictamente formales** es recomendable emplear losas de cemento. Son baratas, subrayan el carácter arquitectónico y son relativamente fáciles de colocar sobre una base de arena y gravilla (págs. 20/21).

➤ Si se decide por una **terraza de madera** será conveniente que emplee maderas resinosas tales como pino, falsa acacia o cedro rojo. Estas maderas tole-

ran muy bien la intemperie, no se enmohecen ni se pudren, conservan siempre su forma y apenas necesitan cuidados.

Lo importante es que la tarima se apoye sobre una base que permita una buena circulación del aire y que entre las tablas haya una separación de 5 mm para que el agua de la lluvia pueda drenar lo antes posible. Como alternativa más económica pueden emplearse tablas de abeto tratadas para exteriores, que duran unos 10 años.

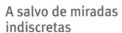

Diversos tipos de ladrillos empleados para pavimentar los caminos y el lugar de descanso. Así se obtienen resultados tan agradables como económicos.

A salvo de miradas indiscretas

El lugar de reposo resultará más íntimo si queda resguardado de la calle y de los vecinos. Lo mejor es que el jardín esté protegido por un muro o por un seto. No conviene optar por soluciones más sencillas o económicas (págs. 14/15).

➤ El bambú ofrece un marco muy pintoresco para el lugar, lo protege del viento, tiene hojas durante todo el año y es muy fácil de cuidar.

➤ Más económicos son los paravientos de mimbre (recuadro de esta página) o la creación de divisiones con celosías de madera y plantas de crecimiento rápido y denso, como la viña virgen y la hiedra. Son plantas trepadoras

muy robustas que no necesitan ningún apoyo adicional.

➤ Un seto natural a base de arbustos con flores como *Kolkwitzia* o lentisco necesitará algo más de tiempo, pero ganará densidad de año en año sin que debamos intervenir para nada.

Setos bajos, borduras y decoración

Para destacar determinadas zonas del jardín se pueden emplear setos bajos de boj o de lavanda. A ambos se les puede podar y dar forma sin muchas complicaciones (págs. 36/37). Si desea decorar alguna zona con macetas o jardineras, asegúrese de que los recipientes que emplee sean resistentes a la intemperie. Las plantas resistentes a las heladas, como los

manzanos ornamentales, pueden permanecer en el exterior durante el invierno. ■

INFORMACIÓN PRÁCTICA

Construcción de un paravientos

🕐 **Tiempo necesario:**
1 hora por metro lineal

Materiales necesarios:
✗ Varas de mimbre ablandado en agua
✗ Varas de castaño o cañas de 2,5 m de longitud (2-3 por metro lineal)

Herramientas necesarias:
✗ Tijera de jardinero

Clave las varas de castaño o cañas en el suelo con una separación de 30-40 cm y a unos 50 cm de profundidad. Teja entre ellas las varas de mimbre.

13

Vallas, setos y senderos

Las distintas zonas del jardín lucirán más si se las delimita con elementos divisorios.

Las vallas, los setos y los senderos no sólo sirven para bordear el terreno, sino también para dividir el jardín en diferentes espacios, que de este modo ganarán en intimidad y funcionalidad.

Vallas

En las vallas también se puede

> *La lavanda es excelente para bordear caminos y arriates.*

aplicar esto: cuanto más duradero sea el material empleado, menos cuidados necesitarán y menos reparaciones habrá que efectuar.

➤ La madera tratada proporciona al jardín un aspecto campestre y es muy duradera sin que haya que cuidarla.

➤ Las vallas de hierro galvanizado tampoco necesitan cuidados y son muy resistentes al óxido y a la intemperie. Las vallas de tela metálica con recubrimiento plástico son económicas y fáciles de construir (págs. 20/21).

Setos vivos

Los setos vivos aumentan el confort del jardín ya que lo protegen del viento y los ruidos, filtran el polvo y ayudan a compensar las temperaturas extremas. Pera antes de construir uno es necesario que se informe acerca de las ordenanzas y leyes locales por lo que se refiere a las distancias mínimas a respetar. Éstas pueden variar mucho de un lugar a otro.

➤ Los setos silvestres a base de arbustos con flores, tales como espino albar, ofrecen refugio para que los pájaros hagan sus

> *A los setos naturales hay que dejarles bastante espacio libre.*

nidos y resultan muy ornamentales gracias a su intenso colorido. Alcanzan una anchura de 2-3 m y una altura de 3-4 m, y hay que podarlos y aclararlos cada 4-5 años.

➤ Los setos podados de coníferas o arbustos de hoja perenne necesitan menos espacio. La planta ideal en zonas húmedas para los setos altos es *Carpinus betulus*, que conserva sus hojas hasta la primavera.

El seto no deberá estar demasiado cerca de la valla. Planifíque un camino de 30-50 cm entre ambos elementos para poder cuidarlos mejor, de lo contrario dispondrá de escasa libertad de movimientos para podar (págs. 36/37).

Marcar espacios en el jardín

➤ Los huertos y arriates de plantas aromáticas pueden bordearse con setos bajos de boj, fresales o hierba gatera (págs. 28/29).

➤ Si se interrumpe uno de los ejes visuales con un arbusto atractivo y solitario, como un cornejo de flor, el jardín parecerá mucho mayor porque no se podrá ver por completo.

Establecer senderos

La red de caminos y senderos comunica los diversos espacios del jardín y evita que se pisotee constantemente el césped.

➤ Elija el recubrimiento en función del uso que se le vaya a dar. En los huertos se pueden recubrir los caminos con corteza triturada, porque no se transita mucho por ellos y así se consigue un efecto más natural. Los caminos principales deberán estar pavimentados.

➤ Al contrario que en las terrazas, aquí habrá que elegir piedras y losas de piedra natural que tengan una superficie rugosa que impida resbalar accidentalmente cuando llueva. En los caminos sinuosos pueden emplearse piedras pequeñas, pero los caminos rectos adquieren un aspecto espléndido si se los recubre con gran-

Un camino sinuoso siempre nos invita a explorar el jardín.

des losas rectangulares de piedra natural.

➤ Calcule bien los costes: un camino de gravilla suelta es mucho más barato que uno de piedra natural, pero hay que renovarlo cada 3-4 años.

➤ Construya unos refuerzos laterales que proporcionen estabilidad al conjunto (págs. 20/21) a la vez que evitan tropezones y posibles reparaciones. ■

INFORMACIÓN PRÁCTICA

Plantas necesarias para los setos

✗ **Setos altos con flores** a base de *Deutzia, Forsythia* o lilas: 1 planta por metro lineal.

✗ **Setos podados** de tejo, evónimo o *Prunus laurocerasus*: 3 plantas por metro lineal.

✗ **Borduras de arriates** de lavanda, tomillo o hisopo: 4 plantas por metro lineal.

✗ **Márgenes de los senderos** a base de boj: 5 plantas por metro lineal.

A propósito del césped

Tanto si es un lugar de juego como si es para descansar o para pasar por él, el césped siempre tiene que soportar un buen desgaste.

Si empieza por aplicar un par de trucos muy sencillos –y opta también por despedirse definitivamente de esos delicados céspedes ingleses– su césped se mantendrá siempre hermoso sin necesidad de que tenga que cuidarlo mucho.

➤ Lo ideal es emplear una mezcla universal que sea robusta, resistente y poco sensible a las enfermedades.

➤ Las praderas con flores aptas para suelos pobres son muy atractivas y tienen un aspecto muy natural. Son céspedes que solamente hay que cortarlos una vez al año, pero no conviene pisarlos, por lo que su función es básicamente decorativa.

➤ Planifique superficies amplias, rectas o ligeramente onduladas, y evite los entrantes pequeños y los rincones de difícil acceso, que serían difíciles de cortar y de regar.

➤ Cuanto más soleado sea el lugar, mejor. El césped necesita sol y no crece bien en los lugares sombríos bajo árboles frondosos o junto a muros o edificaciones.

➤ Delimite el césped con un margen o un bordillo. Así será más fácil cortarlo y se evitará que se expanda más de la cuenta. La máquina cortacésped se desplazará con las ruedas sobre las piedras y cortará los bordes sin que sea necesario efectuar una segunda pasada. En los comercios especializados también venden bordillos y márgenes de material sintético muy resistente y fácil de montar (foto de la pág. 17).

Cómo sembrar el césped

La mejor época para sembrar el césped es desde mediados de primavera a principios de verano, o a principios de otoño.

➤ El suelo hay que mullirlo a conciencia con un motocul-

Para evitar que se estropee el césped en rollo, hay que colocarlo antes de que pasen 24 horas desde su adquisición.

> *Con este sistema es fácil meter al césped en cintura.*

tor que se puede alquilar en un garden center. Si se trata de un terreno nuevo será necesario ararlo en profundidad para disgregar la tierra que haya sido comprimida por la maquinaria pesada durante la construcción de la casa. Este trabajo es mejor encomendárselo a una empresa especializada, pues mullir el suelo hasta 1 metro de profundidad y hacer que vuelva a ser permeable es un trabajo para profesionales. Una vez preparado el terreno habrá que alisarlo con un rastrillo.

➤ Antes de sembrar el césped, agite bien el saco para mezclar bien las semillas que probable-mente se habrán ido sedimentando por tamaños.

➤ Para repartir bien las semillas, siembre una vez en sentido longitudinal y otra en sentido transversal. Si la superficie a sembrar es muy extensa, será mejor que vaya a un garden center y alquile la maquinaria adecuada.

➤ A continuación se aplana la superficie pasando un rodillo para césped (también de alquiler) y se riega abundantemente durante 14 días.

Césped en rollo

El modo más rápido de tapizar el jardín de verde consiste en emplear rollos de césped pre-cultivado. Éste es bastante caro, pero al cabo de 2-3 semanas ya se tiene un césped perfectamente robusto.

➤ Prepare el suelo como para la siembra.

➤ Coloque un rollo tras otro empezando por un borde rectilíneo y sin que se solapen ni se separen.

➤ Solamente se puede caminar o circular sobre un césped recién instalado si se hace sobre tablones lo suficientemente anchos.

➤ Los extremos redondeados se recortan con un cuchillo bien afilado.

➤ A continuación hay que pa-sar el rodillo y regar en abundancia. Durante las 2 primeras semanas solamente se podrá pisar pasando sobre tablones.

Pequeñas reparaciones

Así se eliminan las calvas:

➤ Elimine toda la hierba muerta con un rastrillo y esparza una capa de compost sobre la zona dañada.

➤ Siembre de nuevo en esa zona y apriete un poco las semillas con una tabla.

➤ Riegue abundantemente durante 2-3 semanas hasta que el agujero se haya cerrado por completo. ∎

Un jardín familiar
fácil de cuidar

Un jardín para todos: los pequeños pueden jugar, corretear y descubrir la naturaleza mientras los mayores se relajan y disfrutan del aire libre. Este jardín en dos partes está dividido por una pérgola que lo hace parecer más grande, porque no todos sus elementos pueden verse a la vez desde un mismo punto.

➤ Desde la terraza se ve el césped (a prueba de niños) y la zona de juegos situada a la sombra de un árbol. Allí hay suficiente espacio para colocar un columpio, una casita en el árbol o algún juego para trepar.

➤ La pérgola es un lugar que invita al descanso, pero también a reunirse con los amigos y hacer una agradable barbacoa. Los muros bajos son un buen lugar para sentarse.

➤ El corazón de la parte posterior es un pequeño huerto en el que se pueden cultivar las hortalizas más sabrosas y al gusto de toda la familia.

➤ Está flanqueado por una hilera de frutales en espaldar (manzanos o perales) y se puede trabajar fácilmente desde el sendero que lo bordea. La compostadora está situada en un lugar sombrío entre los arbustos.

➤ El césped no se ha de cortar con frecuencia, y sobre él se pueden colocar sillas o tumbonas.

➤ La vegetación de los bordes incluye otra zona muy especial: ¡un bosquecillo de bambúes! Allí los niños pueden jugar a sus anchas sin que nadie los vea.

En los muros de piedra seca recubiertos de plantas se puede observar la naturaleza muy de cerca.

El huerto cambia de aspecto cada año: aquí pueden plantarse hierbas y hortalizas para todos los gustos.

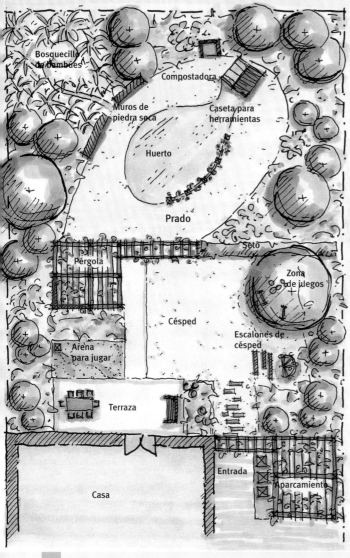

Bosquecillo de bambúes

Compostadora

Muros de piedra seca

Caseta para herramientas

Huerto

Prado

Seto

Pérgola

Zona de juegos

Césped

Escalones de césped

Arena para jugar

Terraza

Entrada

Aparcamiento

Casa

Construir una cabaña en lo alto de un árbol es una buena forma de aprovechar el espacio vertical a la vez que invita a los más pequeños a vivir todo tipo de nuevas aventuras.

Separado pero unido: Las divisiones aumentan la sensación de espacio, y hay un rincón para cada uno.

Con poco esfuerzo se pueden obtener grandes resultados: un árbol caído puede resucitar con el aspecto de un simpático cocodrilo.

Construcción de vallas y senderos

Si dispone de los conocimientos adecuados, podrá construir usted mismo los senderos y las vallas de su jardín.
Establecer los límites del jardín y sus senderos interiores (págs. 14/15) no supone ningún problema si se eligen los materiales correctos. Lo importante es que todos los componentes sean resistentes a la intemperie y que estén bien instalados.

Cómo construir las vallas uno mismo

➤ Empiece por medir el perímetro de su jardín para saber la cantidad de material que va a necesitar. Es igual el tipo de valla de que se trate: necesitará postes y elementos intermedios, sean tablas, tela metálica o

➤ *Esta clemátide envuelve una verja y le da un aire muy romántico.*

módulos prefabricados de otro tipo.
➤ En cualquier tipo de valla, lo fundamental es que esté bien anclada en el suelo. Lo mejor es preparar un zócalo de cemento que sirva como base (recuadro de la página siguiente) para toda la construcción.
➤ Las **vallas de tela metálica** son económicas, duraderas y muy fáciles de instalar. Se anclan los postes en cemento con una separación de 3-4 m y se tensa una malla metálica entre ellos. En los centros de bricolaje venden malla en rollos, cables tensores y todos los elementos necesarios para su instalación.
➤ Las **vallas de hierro galvanizado** soportan perfectamente la intemperie y se comercializan en muchas formas prefabricadas. Sus módulos se atornillan a unos puntales o se anclan a unos cimientos, y su duración suele ser superior a la vida del propio jardinero.
➤ Para construir **vallas de madera**, lo mejor es emplear una madera dura y resistente, como la de la falsa acacia, o madera de conífera tratada para la intemperie. Ambas duran mucho tiempo sin necesidad de barni-

zarlas o pintarlas. Pero todas las maderas acaban pudriéndose si están en contacto con el suelo. Por tanto, lo mejor es construir una base de cemento y atornillarle un perfil metálico al que, a su vez, se atornillarán los postes de madera. En los centros de bricolaje encontrará perfiles metálicos para cualquier tipo de postes. Una vez colocados

1 Allanando el camino

Una vez cavada la base del camino se rellena con arena fina y se aplana cuidadosamente.

2 Colocación de las baldosas

Emplee un mazo de goma para asentar las baldosas o ladrillos sobre el lecho de arena.

3 Rellenar las juntas

Finalmente, esparza arena sobre toda la superficie y selle bien las juntas.

éstos, se les atornillan los módulos de madera empleando tornillos galvanizados para que no se oxiden.

Cómo construir los senderos uno mismo

Pavimentar los senderos tampoco es muy difícil. Su amplitud, recorrido y tipo de pavimento dependerán de sus gustos y del estilo del jardín.

➤ Empiece por definir el trazado y la amplitud (generalmente 90-100 cm) del sendero. Prevea un desnivel del 1-2 % junto a los muros de la casa para facilitar el drenaje del agua.

➤ Elija el tipo de losas o baldosas que quiera emplear y calcule la cantidad que va a necesitar.

➤ Cave todo el recorrido del sendero hasta una profundidad de 30 cm y rellénelo con una capa de grava o cascajo de 20 cm que servirá para drenar el agua de lluvia. Compacte esta capa a base de caminar varias veces sobre ella.

➤ Sobre ésta, coloque una capa de arena de 9-10 cm y aplánela empleando una tabla y un nivel de burbuja.

➤ Seguidamente, clave dos estacas y tense un cordel entre ellas para marcar la altura del camino.

Al hacer los cálculos, acuérdese de tener en cuenta el grosor de las baldosas o losas de piedra que vaya a emplear.

➤ Para que el camino no se deshaga por sus bordes es conveniente protegerlos con un bordillo a base de elementos prefabricados de piedra natural o artificial que se afirmarán por detrás con un poco de cemento. Para que su altura sea regular habrá que controlarla mediante un cordel tensado entre dos estacas.

➤ Nivele las piezas con respecto al cordel y golpéelas con un mazo para que se asienten bien en la arena. ∎

INFORMACIÓN PRÁCTICA

Construcción de cimientos para los postes

🕐 **Tiempo necesario:** Una media hora para cada cimentación.

Materiales necesarios:
✗ Cemento listo para usar, agua, arena.

Herramientas necesarias:
✗ Laya, pala, paleta, nivel de burbuja.

Cave un hoyo de 30 × 30 cm (y 60 cm de profundidad) y mezcle el cemento según las instrucciones del fabricante.

Vierta la mezcla en el hoyo y retire la capa superficial con la paleta. Emplee el nivel de burbuja para asegurarse de que la superficie quede perfectamente horizontal.

Riego automático

Los sistemas de riego automático le evitan el tener que regar regularmente su jardín, y su montaje no ofrece dificultades ni para aquellos que sean un poco «manazas».

Las plantas bien regadas no sufrirán nunca el estrés hídrico que debilita sus hojas y tallos. Serán mucho más resistentes a los parásitos y a las enfermedades. Para su instalación será necesario que en el jardín haya

Simple y efectivo; disfrutar de las flores de verano sin tener que regarlas.

una toma de agua. Lo ideal sería que hubiese varias tomas de agua en cada sector del jardín, pero si no es así también se puede solucionar el asunto empleando tubos lo suficientemente largos conectados a una toma de agua situada en la pared de la casa.

El riego de los setos

Lo mejor para los setos es emplear un sistema de riego por goteo. A lo largo de un tubo de plástico, se colocan goteros que dejan salir agua de forma controlada y constante (unos 2 litros de agua por hora por cada gotero). Este tubo se coloca de modo que discurra junto a todas las plantas, así el agua va directamente a las raíces y no se tienen pérdidas por evaporación. Esto no sólo nos permite ahorrar tiempo, sino también dinero, pues se reduce considerablemente el consumo de agua. Para que sus setos crezcan frondosos bastará con conectar el riego por goteo durante una noche a la semana.

Arriates de matas sistematizados

Las matas también prosperan

mucho mejor si se las riega «desde abajo». También aquí lo mejor es recurrir al riego por goteo. Para efectuar el montaje en un arriate de 2 × 5 metros procederemos de este modo:

➤ En uno de los laterales se coloca el tubo principal, con su filtro y su reductor de presión correspondientes, y de él parten los tubos de goteo de 5 metros de longitud a una distancia entre ellos de 40 cm. Por tanto, necesitará 20 metros de tubo de goteo.

➤ Esta instalación puede conectarla a un grifo propio o a una tubería general a la que se conecten todos los sistemas de riego del jardín.

En el comercio encontrará sistemas completos en los que todos los elementos se empalman muy fácilmente entre sí sin necesidad de herramientas (vea las fotografías de estas páginas).

Para regar el césped

Las grandes extensiones de césped se riegan fácilmente mediante un sistema de aspersores instalados bajo tierra. Estos aspersores emergen del

SUGERENCIA

>> rápido
y fácil

Riego por goteo para macetas

Necesitará un equipo normal para riego de macetas y uno o dos goteadores por maceta o jardinera en función de su tamaño. Monte el sistema siguiendo las instrucciones del fabricante. Puede regar tantas macetas como desee, pero es muy importante que durante los primeros días compruebe que todo funcione correctamente. Tenga en cuenta que el grifo va a estar siempre abierto; en algunos casos puede ser conveniente colocar un doble grifo.

> *Este sencillo sistema de riego ahorra mucho trabajo y dinero porque no se desperdicia nada de agua.*

suelo impulsados por la presión del agua, y al cesar el riego se vuelven a ocultar bajo la superficie del césped.

➤ Mida la superficie de su césped y busque el sistema que más le convenga. Vale la pena comparar precios en distintas tiendas antes de tomar una decisión.

➤ Los tubos se colocan a unos 20 cm de profundidad, por lo que es fácil instalar el sistema de riego en un césped ya existente.

➤ Atornille los surtidores a los tubos, rellene las zanjas y siembre de nuevo el césped (págs. 16/17). Si en invierno se producen heladas será mejor que instale válvulas de vaciado automático para evitar daños.

➤ Este sistema se puede activar manualmente, por radio o mediante un temporizador.

➤ Las extensiones de césped de tamaño pequeño o mediano se pueden regar perfectamente mediante aparatos de riego circular (para superficies redondas) u oscilante (para superficies rectangulares). ■

INFORMACIÓN PRÁCTICA

Cómo regar correctamente

✗ Es preferible regar a primera hora de la mañana o por la tarde, así no se pierde tanta agua por evaporación.

✗ Evite mojar las flores de las matas y plantas de jardinera, se marchitarían antes.

✗ El agua de lluvia es blanda y está a temperatura ambiente: un bidón para recoger agua de lluvia siempre es de gran utilidad.

✗ Es mejor regar con menos frecuencia pero en mayor cantidad.

✗ Regla del viejo jardinero: labrar una vez equivale a regar dos veces.

Un jardín formal
fácil de cuidar

Representativo y sin embargo fácil de cuidar: en los jardines arquitectónicos se combinan la elegancia formal y la belleza de las plantas para obtener un conjunto armonioso.

El jardín se divide en diferentes espacios claramente diferenciados.

➤ El conjunto estará enmarcado por un seto de arbustos con flores, que se podará muy pocas veces.

➤ Los setos transversales de carpe perfectamente podados rompen los ejes visuales del jardín haciendo que éste parezca más grande, lo cual aumenta su interés.

➤ La terraza estará bordeada por unos parterres en los que destacarán unas plantas de boj podadas con forma esférica. Para destacar su elegancia también se pueden poblar estos arriates con matas del mismo color («arriate azul y amarillo»).

➤ El camino, recubierto con gravilla o con losas de piedra natural, conduce a unos parterres cuadrados en los que se alterna la gravilla gruesa con las matas bajas y tapizantes. Allí se respiran las fragancias del tomillo enano (*Tymus serpyllum*), la manzanilla tapizante (*Chamaemelum nobile* «Treneaque») y la menta enana (*Mentha piperita* var. *piperita* «Nana»).

➤ En verano, los árboles proporcionan una refrescante sombra al lugar de descanso mientras que en invierno destacarán las hermosas formas de las falsas acacias.

➤ El arco conduce al huerto y a un pequeño prado en el que los narcisos le dan la bienvenida a la primavera.

Una acertada combinación de arbustos podados y hermosas matas es lo que hace que este parterre nos parezca tan atractivo.

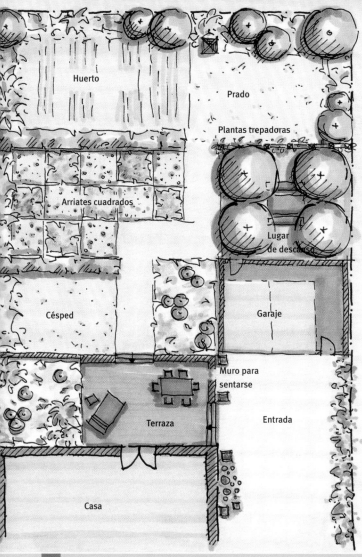

Huerto

Prado

Plantas trepadoras

Arriates cuadrados

Lugar de descanso

Césped

Garaje

Muro para sentarse

Terraza

Entrada

Casa

Las plantas trasladables nos permiten acentuar aspectos del jardín: podemos distribuirlas en cada momento según nos convenga.

Este jardín formal tiene una distribución muy equilibrada que le proporciona una elegancia intemporal y un aspecto muy representativo.

Un estanque con fuente siempre es un placer para los sentidos y nos aumenta la sensación de encontrarnos en un oasis.

Cómo plantar correctamente

El mejor modo de que las plantas empiecen una larga y frondosa existencia es preparar bien el suelo y plantarlas del modo adecuado.

Pero antes de poder disfrutar del esplendor de las flores es conveniente erradicar en lo posible las hierbas silvestres que podrían convertirse en duras competidoras de nuestras hortalizas y plantas ornamen-

> *Al cabo de poco tiempo disfrutaremos de un increíble mar de flores.*

tales. Podría ser el caso de las ortigas, cardos, dientes de león, etc. Por desgracia, no basta con arrancarlas, pues no tardan en regenerarse a partir de sus órganos subterráneos. La única

forma de erradicarlas a largo plazo consiste en emplear una herramienta adecuada para extraer hasta sus raíces más profundas.

Cómo mejorar el suelo

Todas las plantas necesitan un suelo mullido y rico en nutrientes.

➤ En un jardín nuevo es necesario recurrir a una empresa de jardinería para que se encargue de mullir el suelo en profundidad, ya que éste puede estar muy compactado y esto dificultaría el drenaje del agua.

➤ Si se trata de una reforma podrá mullir los arriates empleando un motocultor alquilado en un garden center.

➤ Una vez determinado el tipo de suelo de su jardín (págs. 8/9) puede proceder a mejorarlo:

➤ **Los suelos arenosos** hay que enriquecerlos con humus o compost. Cúbralo con una capa de 10 cm de espesor y mézclelo bien. Elimine todas las piedras antes de empezar a trabajar.

➤ **Los suelos arcillosos o limosos** son pesados y hay que aligerarlos a base de mezclarlos

con arena lavada, gravilla, compost o humus. Cubra el suelo con una capa de 10 cm del material elegido y mézclelo con el arado o motocultor. Repita la operación al cabo de algún tiempo. Añadir compost una vez al año aumenta la fertilidad del suelo y favorece el desarrollo de pequeños organismos cuya acción contribuye a ventilarlo y a producir humus (págs. 38/39).

Cómo plantar correctamente

Tanto si se trata de matas como si son rosales o arbustos para setos, durante las épocas en que no hay riesgo de heladas puede plantar todo aquello que lleve raíces.

➤ Antes de empezar a plantar deberá tener en cuenta cuál es la separación mínima que tendrá que haber entre las plantas, o la densidad de éstas por metro cuadrado.

➤ Antes de plantar hay que mojar a fondo la maceta o recipiente en que vienen las plantas. Sumérjalas en una palangana hasta que de la maceta ya no salgan burbujas.

➤ Con la laya o la pala, cave un

1 ▸ Cavar un hoyo

Cave un hoyo cuyo diámetro y profundidad sean el doble que los del cepellón para que las raíces puedan propagarse bien al crecer.

2 ▸ Mejorar el suelo

Ponga en el hoyo un poco de compost o de virutas de cuerno como abono inicial, o añada directamente tierra abonada.

3 ▸ Llene el hoyo

Ponga la planta en la posición correcta, añada la tierra y vaya apisonándola bien para que se asiente y que no queden espacios vacíos que dificultarían el desarrollo de las raíces.

hoyo que sea por lo menos el doble de ancho y de profundo que el cepellón de raíces (esto es especialmente importante en los árboles y arbustos).

▸ Ponga un poco de tierra abonada (vea la foto 2 de esta página y las págs. 38/39) en el hoyo y coloque la planta en él. La parte superior del cepellón deberá quedar a 1-2 cm por debajo del nivel del suelo porque la tierra todavía se asentará.

▸ Sujete la planta en la posición correcta y acabe de rellenar el hoyo con tierra para crecimiento y apisone bien el suelo. En el caso de árboles y arbustos puede apisonarlo con los pies.

▸ Las plantas leñosas hay que orientarlas con un tutor (colóquelo a la vez que la planta para evitar dañar sus raíces) y sujetarlas a éste con cuerda de fibra de coco.

▸ Regar a fondo y volver a regar abundantemente durante los días siguientes.

Abono verde

Existen plantas que actúan como un verdadero abono verde y enriquecen mucho el suelo de cualquier jardín. Estas plantas (como por ejemplo la capuchina, el altramuz y otras) efectúan un profundo mullido del suelo, evitan que éste se seque, impiden la proliferación de malas hierbas y favorecen el desarrollo de la microfauna. Se siembran en primavera y se las corta poco antes de que florezcan. La siega puede emplearse para mullir el suelo hasta que se haya descompuesto casi por

completo (págs. 38/39). Luego se trabaja la superficie. ■

Plantas ornamentales y plantas útiles

Los arbustos ornamentales y los frutales son un enriquecimiento del que no deberíamos privar a ningún jardín.
El jardín puede constituir un placer para todos los sentidos: los arbustos de flores aromáticas, las sabrosas frutas y las hierbas que emplearemos como especias no son difíciles de cuidar. Basta con saber elegir bien las especies.

Árboles y arbustos ornamentales

Con su desarrollo, las plantas leñosas ornamentales ponen notas de color en el jardín y crean nexos de unión entre sus zonas. Pero también tienen otras características que las convierten en un placer para la vista:

➤ Muchas de estas plantas no sólo tienen flores muy atractivas, sino que están provistas de una corteza con colores o dibujos igualmente interesantes, como es el caso de los arces y los abedules.

➤ Las plantas de hoja perenne conservan su atractivo también durante el invierno. Pueden crecer con su forma natural, como el tejo, o se las puede podar para darles forma, como el boj.

➤ Los arbustos más fáciles de cuidar son aquellos cuyo crecimiento natural ya es muy hermoso y no hace falta podarlos, como es el caso del cornejo, el durillo y *Hamamelis*. Todos ellos florecen magníficamente en invierno y primavera y algunos en otoño producen una verdadera explosión de color.

➤ Las plantas trepadoras tales como el kiwi y las clemátides no tardan en conquistar la tercera dimensión. También son muy bonitos los rosales trepadores que ascienden por un árbol sin necesidad de ninguna otra ayuda. Pueden colocarse en un viejo manzano.

➤ Todos los árboles y arbustos ornamentales que aparecen en las tablas (ver página 50) son especies muy robustas, resistentes a las heladas, sanas y que viven muchos años.

Rosales con certificado de calidad

En muchos países el nombre de la variedad del rosal va acompañado por unas siglas, se refieren a certificados de calidad y a premios recibidos en

➤ Las plantas leñosas ornamentales ponen notas de color en el jardín y cre-

Vitaminas frescas directamente del huerto al plato.

SUGERENCIA

>> rápido y fácil

Plantas sabrosas para el balcón y la terraza

➤ Elija macetas grandes (por lo menos de 8 l) y jardineras amplias ($120 \times 20 \times 20$ cm) y conécteles un sistema de riego automático.

➤ En ellas podrá cultivar estupendamente hierbas aromáticas, pequeños frutales, fresas, espárragos, pepinos, judías, tomates y rábanos.

Este hermoso rosal trepador recubre un viejo manzano.

los distintos concursos de rosales. Se conceden a los rosales de variedades especialmente sanas, robustas y con una floración muy abundante. Después de pasar por unas largas pruebas, de todas las nuevas variedades que se producen tan sólo 2 o 3 al año reciben este certificado de calidad, que a su vez es una buena recomendación de compra (ver tabla de la pág. 54). Estos rosales son ideales para un jardín de fácil mantenimiento.

Frutos muy sabrosos

Gracias a los cultivos selectivos existen actualmente muchas variedades de manzanos, perales y groselleros que son muy resistentes y fáciles de cultivar.

➤ Todos los árboles frutales son plantas que necesitan calor y mucha luz –si le es posible, plántelos en un lugar despejado y orientado al suroeste–. El viento hace que se sequen y transporta esporas de hongos; el sol hace que la fruta madure sana y jugosa.

➤ Elija solamente aquellas variedades que sean resistentes a los hongos y a las enfermedades.

➤ Compre sus frutales en un vivero especializado y pida que se los poden allí mismo.

➤ Es preferible elegir variedades pequeñas y de buena calidad: necesitan menos espacio, tardan menos en dar sus frutos y son más fáciles de cultivar y de podar.

➤ Elija fresales que produzcan fresas varias veces al año; así podrá cosechar la misma planta desde finales de primavera hasta principios de otoño.

Unas verduras estupendas

Para montar un pequeño huerto hace falta disponer de un lugar soleado y con el suelo rico en nutrientes.

➤ Solamente hay que comprar semillas de la mejor calidad. Las tiras con semillas son fáciles de sembrar y de regar.

➤ Es fácil conseguir plantel de verduras que solamente necesitan ser plantadas en el lugar adecuado.

➤ Algunas de las hortalizas más fáciles de cultivar son: rábano, rábano silvestre, tomate, calabacín, pimiento, pepino y espárrago.

➤ Entre las hierbas más robustas y que viven más años tenemos: tomillo, salvia, cebollino y ajedrea de jardín. Las hierbas anuales como eneldo, berro y mejorana se pueden sembrar en cualquier lugar. ■

Una floración agradecida

Las matas nos sorprenden con un mar de flores que reaparece cada año.

Un arriate con matas exige poca dedicación y es atractivo durante todo el año.

Un poco de botánica

Las vivaces son plantas que viven más de tres años entre las que encontramos matas florales (como *Hemerocallis*), herbáceas (como los bambúes) y las poco exigentes flores de bulbo (como jacintos, tulipanes, etc.). Hibernan en órganos subterráneos que vuelven a brotar al llegar la primavera. Las zinnias, las dalias anuales y otras flores de verano deben sembrarse cada año o hay que hacerlas hibernar, por lo que no son aconsejables para un jardín fácil de cuidar.

Lo importante es saber elegir

Para obtener plantas duraderas y fáciles de cuidar solamente hace falta tener en cuenta dos puntos:

➤ Considere las **necesidades de ubicación** de la planta y búsquele un lugar adecuado en su jardín. Las plantas que necesitan mucho sol viven mal en lugares de semisombra.

➤ **Combine** matas que tengan las mismas necesidades. Esto facilitará mucho su cuidado (como por ejemplo el riego), dado que podrá tratarlas a todas por igual.

Decorar con matas

Su arriate con plantas vivaces resultará especialmente decorativo si al distribuirlo tiene en cuenta unas reglas muy sencillas:

➤ Distribuya el arriate por alturas: las plantas más pequeñas delante y las más grandes detrás. Así su superficie parecerá mayor.

➤ Combine las épocas de floración y los colores. Si le encanta el color rojo (por ejemplo) puede crear un arriate monocolor a base de varias especies distintas.

➤ Haga contrastar las diferentes formas: coloque plantas de hoja fina junto a otras de hoja ancha, así el resultado será más interesante.

➤ Incluya hierbas que resalten

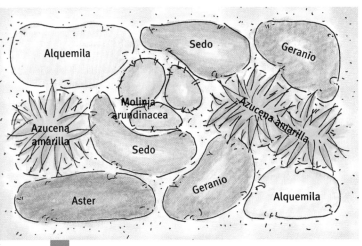

Alquemila
Sedo
Geranio
Molinia arundinacea
Azucena amarilla
Azucena amarilla
Sedo
Geranio
Aster
Alquemila

Este arriate soleado pronto se convertirá en un hermoso elemento que se conservará atractivo durante todo el año.

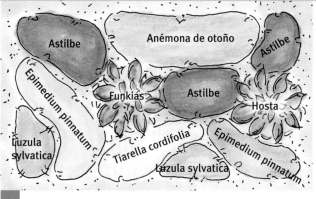

> Bastan algunas plantas robustas para convertir una zona sombría en un sorprendente mar de flores.

el aspecto otoñal y que en invierno sigan siendo decorativas.

La finalidad de una plantación es cubrir todo el suelo para que las malas hierbas no puedan llegar a aparecer. Los dos esquemas de estas páginas muestran ejemplos de arriates para lugares soleados (pág. 30) o sombríos (pág. 31) como los que encontramos en prácticamente cualquier jardín.

Arriate soleado

Empiece por plantar las *Hemerocallis* y las *Molinia arundinacea*. Ambas son matas grandes y a las que deberá proporcionar suficiente espacio. Lo ideal es colocar 1-2 plantas por metro cuadrado. Ambas imprimen carácter al arriate y destacan el plano vertical. Combínelas poniendo 4-5 ejemplares de geranios, alquimila y *Sedum* híbri-

dos por metro cuadrado. Estas plantas constituyen una transición en alturas entre las matas grandes y las *Aster dumosus* tapizantes, de las que necesitará 7-9 ejemplares por metro cuadrado. El arriate puede hacerse todo lo grande que se desee, basta con ir repitiendo este esquema.

Plantel para un lugar sombrío

El elemento central del arriate estará formado por las imponentes matas de la hosta de hoja ancha (1 planta por m^2), alrededor de las cuales se agruparán las demás. El fondo estará integrado por astílbes de colores y elegantes anémonas de otoño. Necesitará 3-5 plantas de cada especie por m^2. Ambas destacan por encima de las matas más bajas. *Tiarella cordifolia*, *Epimedium pinna-*

tum y *Omphalodes verna* (7-9 ejemplares de cada especie por m^2) tapizarán el suelo durante todo el año y en primavera nos asombrarán con el colorido de sus flores. Las finas hojas de la *Luzula sylvatica* contrastarán agradablemente con las de sus compañeras y se conservarán verdes durante el invierno añadiendo atractivo al arriate durante los meses más fríos del año. ■

Flores de bulbo para todas las épocas

Los bulbos que florecen en primavera se plantan de principios a mediados de otoño.

✗ Los tulipanes y los narcisos son un estupendo complemento para el arriate de matas soleado. Plántelos al fondo y no corte las hojas que se marchiten después de la floración.

✗ En los arriates de sombra crecen especialmente bien la escilla azul y el narciso de las nieves.

✗ El croco (*Crocus tommasianus*), la escila española (*Hyacinthoides hispanica*) y el erantis (*Eranthis hyemalis*) son ideales para poner una nota de color bajo los árboles.

Un jardín agradable para los sentidos
y fácil de cuidar

Los soñadores románticos encontrarán este jardín sumamente relajante. La combinación de numerosos elementos nos proporciona un ambiente mágico y sensual.

➤ Los diversos espacios del jardín se comunican entre sí mediante una pequeña red de senderos que hacen que el jardín irradie alegría y tranquilidad.

➤ Un par de escalones dan acceso a un rincón del jardín en el que el sol calienta durante todo el día el banco y un muro bajo para sentarse. Al anochecer, la plantación de amapolas, hesperis (*Hesperis matronalis*) y *Oenothera biennis* empieza a propagar su aroma y a desplegar un esplendor que se prolongará durante casi toda la noche.

➤ Pasando por los originales arriates elípticos de salvia, ajedrea de jardín y ajedrea silvestre, el camino nos conduce a un sosegado jardín de rosas en el que los rosales parecen competir por lograr una floración más abundante. En el centro, una vasija antigua o una escultura contribuye a destacar el carácter romántico del conjunto.

➤ Unos senderos más disimulados le llevan a una pequeña extensión de césped en la que podrá relajarse y olvidarse del ajetreo de la vida cotidiana y a otro lugar de descanso rodeado por grandes matas. Así, en cada momento podrá elegir entre disfrutar del calor del sol o descansar en el frescor de la sombra. El pequeño estanque con surtidor contribuye a dar una nota de alegría.

➤ En la parte posterior se puede instalar un pequeño huerto para disfrutar de los productos más sabrosos del verano.

Un círculo aromático a base de diversas variedades enanas de tomillo siempre será un placer para la vista y para el olfato.

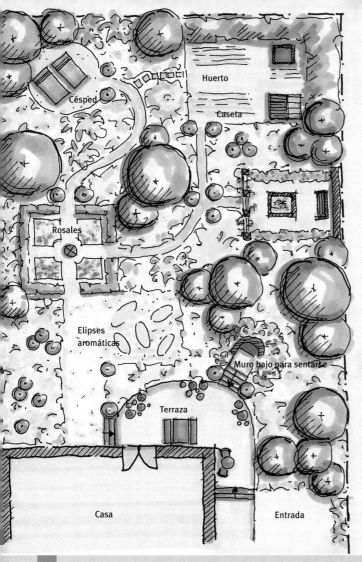

Césped

Huerto

Caseta

Rosales

Elipses
aromáticas

Muro bajo para sentarse

Terraza

Casa

Entrada

Una fantástica explosión de flores en pleno verano: si se efectúa una buena planificación puede conseguirse que este sueño se convierta en realidad.

Pequeños senderos que nos permiten gozar con todos los sentidos: todos los espacios del jardín se comunican entre sí.

Un muro bajo expuesto al sol junto a un pequeño estanque es el lugar ideal para disfrutar de los primeros rayos del sol.

Accesorios necesarios

En los comercios especializados podemos adquirir muchas herramientas que nos facilitarán notablemente los trabajos de jardinería

Pero no hace falta comprar un equipo muy completo: es suficiente con adquirir pocas herramientas pero muy prácticas.

➤ Es imprescindible disponer de una buena tijera para podar los rosales.

Para trabajar el suelo

➤ Para cavar los hoyos para plantar plantas y árboles es necesario disponer de una **laya**. Es conveniente que la hoja sea de acero inoxidable y lo bastante ancha como para que no pueda resbalar y que su pie no tenga que hacer demasiada presión sobre ella. Su longitud dependerá de su altura. Para trabajar cómodamente es conveniente que el mango le llegue hasta unos 10 cm por encima de la cintura.

➤ La **azada** para cavar entre los arbustos y matas. Es suficiente con un modelo sencillo de acero. La hoja se puede afilar fácilmente con una lima. Las azadas de hoja intercambiable suelen ser herramientas polivalentes y muy útiles.

➤ Un **rastrillo** con 3-5 dientes le servirá para mullir superficialmente el suelo y eliminar pequeñas plantas silvestres. También es muy útil para trabajar el compost y los abonos orgánicos.

➤ La **azada de mano** se emplea para trabajar pequeñas superficies. Para poder trabajar mejor es conveniente que su hoja también sea ancha, y a ser posible de acero inoxidable.

➤ El **cuchillo cortahierbas** nos ayudará a librarnos del diente de león, los cardos y otras plantas silvestres que puedan aparecer en el jardín. Hay modelos provistos de una cuchilla muy afilada para cortar las plantas en profundidad.

Para podar y cortar

➤ Para podar matas, arbustos y rosales nos hará falta una **tijera de podar** bien afilada. Los modelos baratos aplastan en vez de cortar y no nos permiten cortar las ramas un poco más gruesas.

➤ La **sierra de podar** con hoja orientable nos permite sujetarla siempre en la posición adecuada.

➤ Si se tienen setos de más de 5 metros de longitud vale la pena adquirir una **podadora eléctrica**. De lo contrario es mejor podarlos a mano.

Para plantar

➤ Para plantar matas y plantas de jardinera necesitará una pequeña **azada de mano** o un **plantador** y lo ideal es que sean de acero inoxidable. Los modelos baratos se doblan con facilidad y no tardan en oxidarse. Una buena azada de mano también le será muy útil para eliminar las raíces de las malas hierbas.

> Con una podadora eléctrica, recortar los setos se convierte en un mero pasatiempo.

➤ Para plantar flores de bulbo existen unos cómodos **plantadores de bulbos** que nos permiten introducirlos fácilmente en el suelo a la profundidad adecuada.

Para transportar

➤ Una **carretilla** es el medio más cómodo para llevar todos los utensilios de un lugar a otro del jardín: herramientas, plantas, poda, cosecha, etc. No perjudica a la espalda y es cómoda de manejar. Los jardineros veteranos suelen decir que «todo aquello que lleves a cuestas también podrás llevarlo en una carretilla».

Maquinaria

Elija una **máquina cortacés-** **ped** adecuada a sus necesidades:

➤ Las cortacéspedes eléctricas son ideales para superficies pequeñas de hasta unos 50 m² y su funcionamiento es muy silencioso.

➤ Los modelos con motor de explosión tienen un elevado rendimiento y pueden cortar el césped aunque esté húmedo. Resultan rentables para céspedes de 50-200 m². Es preferible elegir una provista de cesto para recoger la hierba cortada.

➤ Las **trituradoras de poda** trocean finamente todos los restos vegetales de modo que podamos emplearlos para acolchar el césped, van cayendo sobre la hierba y le proporcionan un abono orgánico. ∎

Métodos para proteger las plantas

Unos buenos cuidados ayudan a evitar que las plantas se estropeen y puedan ser pasto de parásitos o enfermedades. Si toma algunas precauciones desde el principio, luego se ahorrará muchas preocupaciones.

Medidas preventivas

Si emplea medios ecológicos para eliminar los parásitos sin dañar el entorno evitará contaminar su jardín con productos químicos sintéticos.

➤ El granulado anticaracoles se esparce directamente junto a las plantas más amenazadas.

➤ Las mallas finas para proteger las hortalizas dejan pasar bien la luz, pero no los insectos voladores dañinos.

➤ Las vallas anticaracoles son el medio más eficaz para proteger las plantas de estos voraces moluscos.

➤ Se puede encontrar tónicos para plantas que las fortalecen y las hacen más resistentes a hongos y pulgones.

Primeros auxilios

Si de todos modos aparecen algunos parásitos, hay formas poco nocivas para eliminarlos:

➤ Las plagas de pulgones pueden combatirse introduciendo otros insectos (de venta en tiendas del ramo) que los devoran. En casos de emergencia también pueden emplearse productos adecuados para cultivos biológicos y jardines domésticos.

➤ Existen muchos tipos de granulados para combatir a los caracoles. Elija uno que no contamine el suelo con metales pesados. También existen preparados biodegradables (a base de compuestos de hierro, etc.) que son inocuos tanto para los perros y erizos como para el suelo.

➤ El mejor modo de combatir a los ratones es colocando trampas.

➤ En caso de infestaciones por hongos, corte las partes afectadas de la planta y tírelas a la basura, ¡no las ponga en la compostadora porque el hongo podría propagarse! Existen preparados para combatir los hongos sin perjudicar la planta.

Cómo mantener en forma las plantas leñosas

Para que los árboles y arbustos conserven su vitalidad y florezcan en abundancia es conveniente podarlos con regularidad.

➤ El mejor momento para efectuar la poda es durante el periodo de reposo que va desde finales de otoño hasta la primavera. Excepción: a los setos hay que darles forma a partir de finales de principios de verano (cuando los pájaros ya han abandonado sus nidos).

➤ Para que los cortes cicatricen pronto es necesario emplear siempre herramientas limpias y con las cuchillas bien afiladas.

➤ No deje nunca una rama rota. Hay peligro de infección.

➤ Los cortes de más de 8 cm de diámetro hay que tratarlos con un producto desinfectante y cicatrizante.

1 Aligerar

Para revitalizar la planta y estimular su floración, corte todos los tallos viejos, los que crezcan hacia dentro y los que se crucen entre sí.

2 Rejuvenecer

Los arbustos que apenas florecen, que presentan calvas y que tienen algunas partes muertas hay que podarlos mucho, a unos 30-40 cm del suelo, y darles una forma semiesférica.

3 Poda de setos

Pode los arbustos de los setos dándoles forma de tronco de cono: así recibirán una iluminación uniforme por todos lados y el seto no tendrá calvas.

Los **rosales de arriate** hay que podarlos a partir de principios de primavera para que puedan producir flores sanas y grandes:

➤ Se podan 4-5 yemas de cada tallo.

➤ Para que la planta esté bien ventilada, elimine todos los tallos que crezcan hacia el interior. También hay que cortar todas la partes débiles o estropeadas por las heladas.

➤ Efectúe el corte cortando oblicuamente a unos 0,5 cm por encima de una yema dirigida hacia fuera.

La poda de aligeramiento es un verdadero tratamiento de salud para los **arbustos de flor** (ver ilustración 1) y debería realizarse cada 2-3 años para estimular la floración y la forma-ción de nuevos brotes. Hay que cortar limpiamente todos los tallos muertos y los que crecen hacia dentro.

A los arbustos de cierta edad les sienta muy bien una **poda de rejuvenecimiento** (ver ilustración 2). Suelen ser arbustos que ya no tienen hojas en su parte inferior, que tienen bastantes partes muertas y que ya no generan brotes en su base. Corte todos los tallos a 30-40 cm sobre el nivel del suelo dándole al conjunto forma de bóveda. Al cabo de 3-4 años el arbusto ya habrá recuperado su antiguo tamaño y se le podrá someter a una poda de aligeramiento.

Los setos hay que podarlos dándoles forma troncocónica (ver ilustración 3). Esta forma garantiza un crecimiento denso y asegura que todos los tallos reciban una buena iluminación. Recorte el seto unos 15-20 cm cada año. ∎

Abonar, acolchar, compostar

De la nada no se obtiene nada, y las plantas necesitan que de vez en cuando las cuidemos un poco y les demos una ración extra de nutrientes.

En el jardín solemos interrumpir los ciclos naturales de los nutrientes: al cosechar y al recoger la hojarasca le quitamos al suelo una materia orgánica, y con ella nutrientes, que luego deberá ser repuesta. La pregunta de si es mejor emplear abonos orgánicos o minerales suele responderse más desde el punto de vista ideológico que desde el real, el objetivo es el mismo: proporcionarles los nutrientes que necesitan.

➤ **Los fertilizantes orgánicos** son estiércol, extracto de estiércol, compost, o también restos animales tales como virutas de cuerno o sangre en polvo. Actúan junto con el calor y la humedad del suelo, dado que los organismos que viven en este deberán estar activos para poder liberar los nutrientes. Estos nutrientes pasan lentamente al medio, por lo que es casi imposible abonar en exceso. Por desgracia, la composición de estos abonos no es siempre la misma, por lo que no siempre es fácil dosificarlos adecuadamente.

➤ **Los fertilizantes minerales** («abonos artificiales») son productos industriales y su composición siempre se mantiene uniforme. Liberan las sales nutrientes en cualquier circunstancia, pero si se abona en exceso se pueden dañar las plantas.

Cómo abonar correctamente

Los nutrientes hay que darlos cuando las plantas los necesi-

›1 Repartir el abono

Antes de acolchar, esparza una capa de virutas de cuerno sobre la tierra que rodea las plantas (arriates, setos, huerto zona de frutales, etc.). Dosificación: 60-80 g por m².

›2 Trabajar el abono

Mezcle el abono empleando el rastrillo o la azada. Procure repartirlo uniformemente.

›3 Acolchar

Para finalizar, cubra todo el suelo con una capa de corteza triturada de 10 cm de espesor y que llegue hasta la base de cada planta.

> La termocompostadora ahorra espacio y absorbe los malos olores.

ten, o sea, de mediados de primavera a principios de verano (efecto a largo plazo).

➤ Emplee abonos específicos para césped, rosales, plantas vivaces, arbustos ornamentales y frutales que estén formulados especialmente para estas plantas y que sean fáciles de dosificar.

➤ Los abonos de liberación lenta, cuyo efecto se prolonga durante cuatro meses, solamente hay que aplicarlos una vez por temporada.

Cómo acolchar correctamente

Acolchar consiste en cubrir el suelo con una capa de material. Esto ahorra mucho trabajo porque inhibe el desarrollo de las malas hierbas, hay que regar menos y no hay que trabajar el suelo con tanta frecuencia. Se favorece el desarrollo de la microfauna del suelo y esto hace que la plantas crezcan sanas y fuertes. Las superficies se recubren con acolchado una vez al año, a finales de invierno o principios de primavera.

➤ **La corteza triturada** (trozos de 10 a 30 mm) es uno de los medios más universales y se deposita en capas de unos 10 cm de espesor.

➤ **La paja** es ideal para hortalizas y fresales.

➤ **La lámina de acolchado** de papel y plásticos biodegradables se emplea principalmente con plantas nuevas.

Abonar uniformemente

A lo largo del año, las bacterias se encargan de degradar el acolchado. Pero para ello consumen nitrógeno del suelo. Por tanto, habrá que reponer este importante nutriente, y hay que hacerlo **además** del abonado habitual (fotos 1-3).

Compostar correctamente

En la compostadora pueden introducirse todos los restos orgánicos del jardín y de la casa:

➤ Restos de fruta y de verduras, cáscaras de huevo, tierra de la macetas, flores marchitas, poda de césped y hojarasca.

En el compost no hay que incluir trozos de plantas enfermas, restos de comida, carne o malas hierbas con semillas.

➤ Coloque la compostadora en un lugar con semisombra y remueva el contenido una vez al año.

➤ Las **termocompostadoras** nos permiten ganar tiempo. El compost madura en cuestión de tres meses sin que haya que removerlo. ∎

INFORMACIÓN PRÁCTICA

Cuidados invernales

✗ Riegue abundantemente los arbustos de hoja perenne antes de las primeras heladas y en días en que no hiele. En invierno también transpiran mucha agua.

✗ Las matas de bambú es mejor atarlas juntas con una cuerda gruesa para evitar que los tallos se separen y se rompan.

✗ A los rosales injertados hay que colocarles una capa de compost o de acolchado de 20 cm de espesor antes de que lleguen las heladas. Así se protege el injerto, que es muy delicado.

Descripción de especies

Estrellas florecientes

Las matas vivaces son las plantas ideales para conseguir que un jardín sea fácil de cuidar y se llene de flores. Brotan en primavera, florecen con un colorido intenso y cautivador y finalizan el año con una sinfonía de tonalidades rojas, amarillas o anaranjadas. Sus hojas caídas recubren el suelo y evitan la aparición de malas hierbas.

Una vez plantadas, apenas requieren cuidados para seguir floreciendo año tras año. Algunas especies producen estolones que les permiten propagarse cubriendo grandes superficies, mientras que otras se quedan en su sitio dando lugar a una mata cuya talla va aumentando durante décadas. Si no corta sus restos aéreos hasta la primavera, su hojas y sus tallos muertos pueden seguir decorando el jardín durante todo el invierno. Además, así ayuda a que las plantas puedan hibernar de un modo natural a la vez que ofrece un refugio seguro para los pequeños animales del jardín.

Coreopsis
Coreopsis verticillata

Altura: 30-60 cm
Floración: principios de verano-principios de otoño
Mata vivaz para arriates

 ➤ **muy poco exigente**

Aspecto: Crecimiento denso y erecto; se propaga rápidamente por estolones; hojas muy finamente divididas, innumerables flores amarillas en forma de estrellitas.
Ubicación: Para todo tipo de suelos.
Cuidados: Durante las épocas secas hay que regar de vez en cuando; añadir abono mineral en primavera; planta poco exigente.
Aplicaciones: En primer término en los arriates; combina bien con flores de verano y con hierbas que adquieran coloración otoñal.

Amapola ornamental
Papaver orientale

Altura: 90 cm
Floración: finales de primavera-principios de verano
Mata vivaz para arriates

 ➤ **muy poco exigente**

Aspecto: Matas poco densas; grandes rosetas de hojas; hojas de color verde grisáceo con pilosidad muy densa; flores grandes y abundantes de color rojo intenso.
Ubicación: Suelos secos o semihúmedos con mezcla de limos y arena; evita la retención de humedad en invierno.
Cuidados: Cortar a ras de suelo inmediatamente después de la floración (principios de verano); a principios de otoño vuelven a brotar hojas por segunda vez.
Aplicaciones: Para parterres soleados; en arriates con gravilla; combina bien con otras matas y con los rosales.

 sol sol y sombra ● sombra regar mucho

Geranio vivaz
Geranium × magnificum

Altura: 40-60 cm
Floración: finales de primavera-principios de verano; principios de otoño
Junto a los árboles

> ➤ **diversidad de aplicaciones**

Aspecto: Mata de crecimiento intenso, se propaga superficialmente por cortos estolones; hojas redondeadas con profundas hendiduras; en otoño adquiere una coloración naranja-rojiza, abundantes flores de color azul-violeta.
Ubicación: Lugar cálido; para cualquier tipo de suelos.
Cuidados: Cortar a ras de suelo después de la primera floración para estimular la producción de nuevos tallos y una segunda floración.
Aplicaciones: En arriates; en prados con planteles, combina muy bien con las peonías.

Rudbequia
Rudbeckia fulgida «Goldsturm»

Altura: 60-80 cm
Floración: mediados de verano-principios de otoño
Mata para arriates

> ➤ **floración duradera**

Aspecto: Matas grandes, anchas y de desarrollo horizontal, hojas ovaladas de color verde oscuro; tallos florales resistentes, abundantes flores de color amarillo dorado luminoso.
Ubicación: Suelos de jardín frescos y limosos.
Cuidados: Si se cortan los tallos florales que ya han florecido se puede prolongar la floración hasta el otoño.
Aplicaciones: Para arriates soleados; combina bien con hierbas altas; luce especialmente bien en superficies amplias.

Azucena amarilla
Híbridos de *Hemerocallis*

Altura: 60-120 cm
Floración: finales de primavera-finales de verano
Mata para arriates

> ➤ **muy longeva**

Aspecto: Crecimiento denso; hojas de aspecto herbáceo y color verde fresco que se vuelven amarillas en otoño; gran variedad de flores; los colores cambian mucho de una variedad a otra: blanquecino, naranja, rosa, rojo hasta rojo ladrillo; aroma agradable.
Ubicación: Crece bien incluso en suelos densos y pesados.
Cuidados: Abonar una vez en primavera; cortar los tallos florales; cortar en invierno o primavera las hojas del año anterior.
Aplicaciones: Para arriates soleados o en semisombra; ante arbustos grandes o árboles; en grandes jardineras.

---

regar con moderación   regar poco   venenosa   ornamental en invierno   hoja perenne

Arbustos ornamentales

En el jardín, los arbustos ornamentales desempeñan muchas funciones importantes. Delimitan el terreno y lo protegen de las miradas indiscretas. Paran el viento y filtran el aire. Separan y conectan los espacios y, en forma de setos, enmarcan los arriates y flanquean los caminos. Los arbustos de hoja perenne son un fondo ideal para los arriates de flores y destacan mucho su colorido. En otoño, algunos arbustos de hoja caduca enriquecen todo el jardín con un verdadero espectáculo de colores. Otros se embellecen con frutos comestibles como el escaramujo. En primavera son especialmente atractivos cuando llenan el jardín con la fragancia de sus aromas y el colorido de sus flores.

En un jardín fácil de cuidar conviene colocar arbustos fuertes, de rápido crecimiento, que toleren bien las heladas y que sean resistentes a los parásitos.

Cornejo
Cornus florida

Altura: 4-6 m; **Anchura:** 3-4 m
Floración: finales de primavera-principios de verano
Arbusto con flores

➤ **floración muy abundante**

Aspecto: Arbusto ornamental muy grande que puede convertirse en un pequeño árbol; corteza con escamas muy grandes; flores grandes y sorprendentemente numerosas; en otoño adquiere un fantástico color rojo.
Ubicación: Suelos ricos en nutrientes; evitar los lugares calizos o con un mal drenaje.
Cuidados: Emplear un acolchado para que las raíces se mantengan siempre húmedas; su desarrollo es más bonito si no se le poda.
Aplicaciones: Luce mucho si se coloca ante un fondo oscuro.

Deutzia
Deutzia × magnifica

Altura: 3-4 m; **Anchura:** 2,5-3 m
Floración: principios de verano-mediados de verano
Arbusto para setos

➤ **crecimiento muy rápido**

Aspecto: Arbusto alto y erecto; flores grandes de color blanco a rosado.
Ubicación: Crece bien en todo tipo de suelos, pero prefiere los que tienen un grado de humedad constante; muy resistente a las heladas.
Cuidados: Si el primer año es muy seco hay que regar con frecuencia; someterla a una poda radical cada 5 años o aligerar un poco cada 2 años.
Aplicaciones: Para setos floridos silvestres; apropiada para entradas románticas; también como planta solitaria.

 sol sol y sombra ● sombra regar mucho

Lila
Variedades de *Syringa vulgaris*

Altura: 4-5 m; **Anchura:** 3-4 m
Floración: finales de primavera-principios de verano
Arbusto solitario o para setos

➤ **aroma embriagador**

Aspecto: Arbusto muy alto, denso y erecto; produce muchos estolones que crecen rápidamente; flores de color blanco, rosa, amarillo claro, rojo púrpura o lila-violeta.
Ubicación: Suelos de ligeramente secos a frescos y ricos en nutrientes; prefiere los terrenos calcáreos; muy poco exigente.
Cuidados: Eliminar los brotes silvestres, dado que la mayoría de espino albar están injertadas.
Aplicaciones: Para setos libres o podados; muy útil para proteger del viento y de las miradas indiscretas.

Kerria
Kerria japonica

Altura: 2-3 m; **Anchura:** 1-2 m
Floración: mediados/finales de primavera; principios de otoño
Arbusto para setos

➤ **floración duradera**

Aspecto: Arbusto denso y erecto con muchos tallos; abundantes flores de color amarillo dorado; produce muchos estolones.
Ubicación: Crece bien en cualquier tipo de suelos, pero necesita mucho espacio y una humedad uniforme.
Cuidados: Solamente hay que efectuar ocasionalmente alguna poda.
Aplicaciones: Para setos silvestres y de rápido crecimiento; para asegurar taludes; se puede emplear en instalaciones nuevas.

Weigelia
Híbridos de *Weigela*

Altura: 2,5-3 m; **Anchura:** 3,5 m
Floración: principios/finales de verano
Arbusto con flores, planta solitaria

➤ **resistente a los parásitos**

Aspecto: Arbusto de porte mediano; denso y erecto, los ejemplares viejos cuelgan de un modo muy pintoresco; crecimiento rápido; según la variedad, sus flores pueden ser de color blanco, rosa o rojo; muy decorativo.
Ubicación: Se desarrolla bien en cualquier suelo de jardín.
Cuidados: Si se planta en un año muy seco conviene regarlo con frecuencia; someterlo a una poda radical cada 5 años o a una poda de aligeramiento suave cada 2 años.
Aplicaciones: Para setos silvestres y jardines campestres.

---

 regar con moderación　　regar poco　　venenosa　　ornamental en invierno　　hoja perenne

Plantas comestibles

Para poder traer a la mesa verduras frescas y frutas de cosecha propia solamente hace falta disponer de un pequeño espacio bien soleado. Si en el jardín no dispone de espacio, también puede plantar diversas hortalizas en el balcón o en la terraza. Un par de macetas con albahaca y tomateras bastan para darle un cierto sabor mediterráneo.

También es muy fácil cultivar hierbas para hacer infusiones tales como la menta y la melisa, que también se conforman con una maceta grande. Nuestros pequeños jardineros suelen apreciar mucho las «delicatessen» tales como fresas y tomates enanos, y siempre tendrán mejor sabor si proceden del propio jardín.

El huerto resulta especialmente atractivo si está dispuesto en cruz y cada una de sus parcelas se planta con las hortalizas, hierbas y verduras propias de la temporada. Así gana en atractivo visual y gastronómico.

Fresal
Fragaria vesca

Altura: 25-35 cm
Cosecha: principios/mediados de verano
Mata tapizante

➤ **una delicia para los niños**

Aspecto: Arbustivo, algunas variedades emiten estolones; hojas de color verde oscuro; flores blancas; frutos rojos y muy sabrosos.
Ubicación: Suelos frescos, mullidos y ricos en humus.
Cuidados: Regar con frecuencia; el acolchado con paja hace que los frutos estén mas sanos y limpios.
Cosecha/empleo: Para cocinar, como fruta fresca; buena planta para bordear arriates.
Variedades: «Ostara», «Florika», «Mieze Schindler», «Elvira», «Elsanta».

Esparraguera
Asparagus officinalis

Altura: 100 cm
Cosecha: mediados de primavera-principios de verano
Una verdura excelente

➤ **mata muy longeva**

Aspecto: Hojas muy finamente divididas; flores blanquecinas y poco aparentes; frutos rojos y tóxicos.
Ubicación: Suelo profundo, rico en humus y nutrientes.
Cuidados: Regar en las épocas secas; puede crecer en el mismo lugar durante 15 años.
Cosecha/empleo: La primera cosecha de tallos se efectúa a los tres años de plantar la planta; también se puede cultivar en la terraza en grandes jardineras.
Variedades: «Blanquilla», «Martha Washington».

 sol   sol y sombra  sombra   regar mucho

Menta piperita
Mentha × piperita

Altura: 40-70 cm
Cosecha: principios de primavera-mediados de otoño
Mata

➤ **muy aromática**

Aspecto: Emite muchos estolones, hojas de color verde oscuro; flores de color rosa-violeta
Ubicación: Suelo húmedo, mullido y rico en humus.
Cuidados: Regar regularmente; cortar los estolones; acolchar con compost.
Cosecha/empleo: Planta para infusiones. Crecimiento lento; ideal para jardineras.
Variedades: «Orange», «Lemon», «Mitcham», «White Peppermint», «Basilmint».

Rábano
Raphanus sativus var. *sativus*

Altura: 15 cm
Cosecha: finales de primavera-principios de otoño
Hortaliza anual

➤ **cultivo rápido**

Aspecto: Según las variedades, las raíces pueden ser redondas, cilíndricas o ahusadas y de color rojo, rojo y blanco o blanco.
Ubicación: Suelo de jardín rico en humus.
Cuidados: No sembrar a demasiada profundidad (0,5-1 cm); mantener una separación de 7-8 cm entre las semillas.
Cosecha/empleo: Su rápido desarrollo (6-8 semanas) hace que sea ideal para rellenar huecos en los planteles de hortalizas.
Variedades: «Eiszapfen», «French Breakfast», «Cyros», «Ilka».

Grosellero, agraz
Ribes uva-crispa «Invicta»

Altura: 60-90 cm
Erntezeit: mediados de verano
Arbusto frutal

➤ **muy productivo**

Aspecto: Frutos generalmente pilosos de color verde blanquecino, amarillo o rosa rojizo en tallos espinosos.
Ubicación: Suelos limosos y frescos ricos en humus y nutrientes.
Cuidados: Regar y aligerar con frecuencia, si nieva, sacudir los tallos verticales; en caso de infestaciones por hongos, cortar hasta llegar a la madera sana.
Cosecha/empleo: En cocina y para hacer mermelada; como seto; para jardines rurales.
Variedades: «Rokula», «Rolonda».

Plantas tapizantes

Las plantas tapizantes son los ciudadanos de a pie del jardín: se encargan de las labores más terrenales y cubren el suelo por completo. Así, las malas hierbas tienen menos posibilidades de prosperar. Para que puedan lucir en todo su esplendor hay que plantarlas en forma de grandes colonias. Embellecen el suelo bajo árboles y arbustos, pueden llegar a afirmar y consolidar taludes con sus raíces y tallos subterráneos y algunas incluso pueden vivir en los rincones más inhóspitos del jardín transformándolos en una alfombra verde.

Muchas de estas plantas son verdaderas expertas en supervivencia y subsisten con muy pocos nutrientes y solamente un poco de agua. Para obtener una plantación duradera puede emplearse una única especie o combinar varias. Lo ideal es combinarlas con plantas leñosas (árboles y arbustos) o con planteles de matas, porque ambos grupos son igualmente vivaces y no se obstaculizarán mutuamente.

Ombliguera
Omphalodes verna

Altura: 20 cm
Floración: principio/finales de primavera
Mata

➤ **larga floración**

Aspecto: Hojas ovaladas de color verde claro; flores de color azul luminoso con el centro blanco.
Ubicación: Suelo cálido, mullido y rico en humus.
Cuidados: Cortar con una laya cuando llegue a amenazar las otras plantas; podar con la cortacésped a mediados de primavera antes de que empiece a brotar; trocear la poda y emplearla como acolchado; cubrir con compost cada dos años.
Aplicaciones: Ante los muros; en zonas sombrías, bajo los árboles; combina bien con las campanillas.

Buglosiodes
Buglossoides purpurocaeruleum

Altura: 20-30 cm
Floración: finales de primavera-principios de verano
Mata

➤ **crecimiento intenso**

Aspecto: Cubre el suelo embelleciéndolo con sus largos tallos; hojas recias de color gris verdoso; bonitas flores de color azul añil.
Ubicación: Crece bien en cualquier tipo de suelo; resistente al calor; necesita que el suelo mantenga un grado de humedad constante.
Cuidados: Es mejor plantarla en primavera; podarla una vez al año en primavera.
Aplicaciones: Bajo los árboles y arbustos es mejor emplearla sola porque es una dura competencia para otras plantas; produce un bonito efecto colgando de los muros.

 sol sol y sombra sombra regar mucho

Geranio vivaz
Geranium × endressii

Altura: 40 cm
Floración: principios/mediados de verano; principios de otoño
Mata

> **tiene una segunda floración**

Aspecto: Hojas profundamente lobuladas; flores abundantes y de color rosado.
Ubicación: Crece bien en suelos limosos y húmedos.
Cuidados: Después de la floración, pasar la cortacésped y podar a una altura de 4-5 cm, emplear la poda como acolchado; así se favorece una segunda floración a principios de otoño.
Aplicaciones: Alrededor de los árboles; en declives húmedos; en grandes parterres y taludes.

Silberwurz
Dryas × suendermannii

Altura: 15 cm
Floración: mediados/finales de primavera
Planta de hoja perenne

> **floración duradera**

Aspecto: Crecimiento bajo, denso y tapizante; flores de color blanco plateado con el centro amarillo.
Ubicación: Crece bien en todo tipo de suelos, pero prefiere los que son permeables y contienen poco humus; tierra seca y fresca.
Cuidados: Regar a fondo antes del invierno y, si es necesario, cubrir con ramas de conífera para protegerla del sol de invierno y de las heladas.
Aplicaciones: En jardines rocallosos; para cubrir grandes extensiones en taludes y pendientes; ante y sobre los muros de piedra natural.

Evónimo
Euonymus fortunei «Esmeralda»

Altura: 30 cm
Floración: principios de verano
Planta de hoja perenne

> **de uso universal**

Aspecto: Crecimiento arbustivo; también puede trepar por los árboles hasta una altura de 2 m; en otoño adquiere una coloración marrón-rojiza; flores poco aparentes de color amarillo verdoso.
Ubicación: Crece bien sobre todo tipo de suelos.
Cuidados: Cada dos años conviene efectuar una poda de aligeramiento con la podadora de setos y cortar hasta dejarla en 10 cm; regar bien antes del invierno.
Aplicaciones: Bajo árboles grandes; como alfombra verde a la sombra de un muro; en grandes jardineras; para consolidar los bordes de los caminos.

---

regar con moderación   regar poco   venenosa   ornamental en invierno   hoja perenne

Otras plantas

Árboles y arbustos ornamentales

Nombre	Datos abreviados	Suelo	Floración/ color de las flores	Altura/ crecimiento	Peculiaridades
Abedul *Betula pendula*	☼	poco exigente de seco a húmedo	fin. primavera amarillento	15-20 m poco denso	corteza muy peculiar; coloración otoñal amarilla y dorada
Árbol de hierro *Parrotia persica*	☼	limoso, fresco y húmedo	fin. primavera rojas	6-8 m ancho ancho	gran vitalidad, hermosa coloración otoñal
Arce *Acer capillipes*	☼ ◑	mullido, fresco, húmedo y rico en humus	fin. primavera amarillento	7-9 m, ramificación poco densa	corteza atractiva; hermosa coloración roja en otoño
Arce del Japón *Acer palmatum* «Atropurpureum»	☼ ◑	mullido, fresco, húmedo y rico en humus	fin. primavera flores muy poco aparentes	5-6 m pintoresco	coloración otoñal rojiza; no hay que podarlo
Ciruelo *Prunus cerasifera «Nigra»*	☼ ◑	poco exigente, fresco y húmedo	med. primavera color rosa luminoso	5-7 m pintoresco	hojas de color marrón rojizo oscuro; no podarlo
Falsa acacia *Robinia pseudoacacia* «Umbraculifera»	☼	poco exigente, mullido, fresco y rico en humus	no florece	12-15 m corona esférica	crecimiento lento; para jardines arquitectónicos
Forsitia *Forsythia × intermedia*	☼	poco exigente, todo tipo de suelos	med./fin. primavera amarillo	3-4 m colgante	aspecto muy ornamental
Fotergila *Fothergilla major*	☼ ◑	limoso, rico en humus húmedo y fresco	fin. primavera blanco	1-1,5 m ancho	flores aromáticas; coloración otoñal roja
Guillomo *Amelanchier lamarckii*	☼ ◑	poco exigente de seco a húmedo	med. primavera blanco	4-6 m muy amplio	coloración otoñal roja y anaranjada; frutos comestibles
Hamamelis *Especies de Hamamelis*	☼ ◑	fresco, permeable y rico en nutrientes	fin. invierno-fin. primavera amarillo, rojo, naranja	3-4 m amplio	coloración otoñal en rojo-anaranjado; no hay que podar
Kolkwitzia *Kolkwitzia amabilis*	☼ ◑	poco exigente, todo tipo de suelos	fin. primavera-ppos. verano blanco rosado	3-4 m colgante	atrae a las abejas; aroma dulzón
Magnolia *Magnolia liliiflora «Nigra»*	☼ ◑	mullido, fresco, húmedo y rico en humus	fin. primavera-ppos. verano rojo rubí hasta magenta	4-5 m amplio	sano; resistente a las heladas; floración tardía hasta principios de otoño
Serbal de los cazadores *Sorbus aucuparia*	☼	permeable, rico en nutrientes, fresco	fin. primavera-ppos. verano blancas en racimos	9-11 m erecto	frutos anaranjados; resistente al viento

Matas con flores

Nombre	Datos abreviados	Suelo	Floración/ color de las flores	Altura/ crecimiento	Peculiaridades
Alquimila *Alchemilla mollis*	☼ ◐	fresco, rico en nutrientes	ppos./fin. verano amarillo-verde	30-50 cm denso	bajo arbustos y en arriates soleados
Anémona de otoño Híbridos de *Anemone Japonica*	◑ ● ☒	fresco y rico en humus	fin. verano-med. otoño rosa, blanco, rojo oscuro	80-120 cm erecto, estolones	elegantes flores de otoño, longeva
Aquilea *Achillea filipendulina*	☼	fresco, con gravilla	med. verano-ppos. otoño amarillo dorado	80-100 cm cortos estolones; tallos erectos	floración prolongada; la poda de aligeramiento estimula una segunda floración
Aster Septiembres *Aster dumosus*	☼	fresco, húmedo y rico en nutrientes	ppos./med. otoño blanco, rosa, rojo, violeta	15-40 cm muchos estolones	buena planta tapizante, floración tardía
Astilbe Híbridos de *Astilbe*	◑ ●	limoso, fresco y húmedo	fin. verano-med. otoño blanco, rosa, rojo vino	50-120 cm produce estolones	colores luminosos; ornamental en invierno
Campanilla *Campanula persicifolia*	☼ ◐	fresco y rico en humus	ppos./fin.verano blanco, azul	60-80 cm denso y erecto	buena flor cortada; propagación espontánea de las semillas
Hierba del asno *Oenothera biennis*	☼	normal, fresco, permeable	ppos. verano-ppos. otoño amarillo luminoso	50-110 cm denso, erecto	aromática por la noche; bienal, produce muchas semillas
Hierba gatera *Nepeta × faassenii*	☼	arenoso con gravilla, rico en minerales, cálido	fin. primavera-ppos. verano azul, violeta	50-90 cm denso, erecto	soporta muy bien la sequía; segunda floración
Hosta Híbridos de *Hosta*	◑ ●	fresco, rico en humus y nutrientes	ppos./fin verano blanco, azul claro, violeta	30-120 cm denso	longeva; mata de hojas ornamentales
Juliana *Hesperis matronalis*	☼ ◐	permeable, rico en humus y nutrientes	fin. primavera-ppos. verano violeta	50-70 cm denso erecto	aromática por la noche; bienal; produce muchas semillas
Lirio Híbridos de *Iris-Barbata*	☼	arenoso o de gravilla cálido y rico en minerales	fin. primavera-ppos. verano blanco, azul, violeta	50-90 cm mata erecta	tolera muy bien la sequía, arriates de gravilla; hoja perenne
Peonía Híbridos de *Paeonia*	☼ ☒	limoso, fresco, húmedo	fin. primavera-ppos. verano rosa, blanco, rojo	50-100 cm denso y amplio	longeva; buena flor cortada; coloración otoñal
Salvia *Salvia nemorosa*	☼	permeable, arenoso, fresco	fin. primavera-fin. verano blanco, azul, violeta	40-70 cm denso	segunda floración; muy combinable con otras plantas
Sedo Híbridos de *Sedum*	☼	permeable, arenoso, seco y fresco	fin. verano-med. otoño rosa, rojo rosado	40-60 cm tallos verticales	ornamentación invernal; floración tardía; longeva

Plantas de bulbo y de tubérculo

Nombre	Datos abreviados	Suelo	Floración/ color de las flores	Altura	Peculiaridades
Anémona de los Balcanes *Anemone blanda*		seco, rico en humus	ppos./fin. primavera azul-violeta	20 cm	bonita bajo árboles y arbustos; se propaga con rapidez
Campanilla de invierno *Galanthus nivalis*		fresco, húmedo y rico en humus	fin. invierno-ppos. primavera	10-15 cm	luce bien bajo árboles y arbustos; se propaga con rapidez
Cólquico *Colchicum autumnale*		húmedo, rico en humus y nutrientes	ppos./med. otoño blanco, rosa	10-30 cm	floración tardía
Corona imperial *Fritillaria imperialis*		permeable, mullido y fresco	med. primavera amarillo, naranja, rojo	60-80 cm rurales	planta tradicional en los jardines
Croco *Crocus tommasinianus*		seco y fresco	fin. invierno-med. primavera violeta claro a púrpura	15 cm	forma grandes colonias; produce gran cantidad de semillas
Erantis *Eranthis hyemalis*		mullido, fresco, húmedo y rico en humus	fin. invierno-ppos. primavera amarillo	5-10 cm	bajo los árboles; se multiplica con rapidez
Escila española *Hyancinthoides hispanica*		fresco, húmedo y rico en humus	fin. primavera azul-violeta	20-30 cm	a la sombra de los muros; bajo árboles y arbustos y ante ellos
Gold-Krokus *Crocus flavus*		permeable, kiesig, trocken-fresco	fin. invierno-fin. primavera amarillo dorado	5-10 cm	forma grandes colonias; produce muchas semillas
Narciso Especies de *Narcissus*		mullido, fresco y húmedo	ppos./med. primavera blanco-amarillo	30-50 cm	aromático, para arriates, prados y macetas
Tulipán Especies de *Tulipa*		permeable, rico en nutrientes	ppos./fin. primavera todos menos azul	20-60 cm	muchas variedades; buena flor cortada

Arbustos para setos

Nombre	Datos abreviados	Suelo	Forma hojas/ color hojas	Altura/ crecimiento	Peculiaridades
Acebo *Ilex aquifolium*		mullido, con humus, fresco y húmedo	ovaladas, con púas, de color verde oscuro brillante	1,5-2,5 m erecta	crecimiento denso; las hojas pinchan
Agracejo *Berberis candidula*		todo tipo de suelos, de secos a húmedos	color verde brillante, parte inferior blanca	0,8-1,2 m normalmente más ancha que alta	muy robusta; poco sensible a la sal
Boj *Buxus sempervirens*		permeable, fresco rico en nutrientes,	coriáceas, ovaladas de color verde brillante	2-4 m arbustivo y denso	hojas aromáticas; atrae a las abejas

Nombre	Datos abreviados	Suelo	Forma hojas/ color hojas	Altura/ crecimiento	Peculiaridades
Carpe, ojaranzo *Carpinus betulus*		poco exigente, todo tipo de suelos	ovaladas, verde claro	10-20 m densa	robusta; hoja muy duradera
Ciprés de Leyland *Cupressocyparis leylandii*		todo tipo de suelos frescos	en forma de escamas verde fresco	15-20 m cónica estilizada	crecimiento muy rápido; muy robusto
Laurel cerezo *Prunus laurocerasus*		rico en nutrientes, fresco y húmedo	pequeñas y elípticas; verde oscuro	2-3 m ancho y denso	florece incluso estando siempre a la sombra
Mahonia *Mahonia aquifolium*		mullido, rico en humus, de seco a húmedo	muy divididas, - verde azulado brillante	1-1,2 m ancho y erecto	frutos comestibles; hojas de color bronce en invierno
Tejo *Taxus baccata*		rico en nutrientes, fresco y húmedo	aciculares, verde negruzco	10-15 m ancho y erecto	robusto; vive hasta 1000 años

Plantas trepadoras

Nombre	Datos abreviados	Suelo	Floración/ color de las flores	Altura	Peculiaridades
Clemátide *Clematis montana «Rubens»*		fresco, húmedo, rico en humus y nutrientes	fin. primavera rojo rosado	hasta 7 m	florece en abundancia; acolchar en la base
Glicina *Especies de Wisteria*		fresco, húmedo, rico en humus y nutrientes	fin. primavera-ppos. verano azul, violeta	hasta 9 m	crecimiento muy robusto; no sujetarla a tuberías o desagües
Hiedra *Hedera helix*		todo tipo de suelos, frescos y húmedos	ppos./med. otoño amarillo verdoso	hasta 18 m	muy longeva, trepadora y rastrera; hoja perenne
Madreselva *Lonicera × heckrojastii*		fresco, húmedo, rico en nutrientes y humus	ppos. verano -ppos. otoño blanco-rosado	hasta 4 m	aroma intenso; enredadera
Parra de las pipas *Aristolochia macrophylla*		limoso, fresco y húmedo	ppos./fin. verano verde amarillento	hasta 10 m	crecimiento robusto; hojas grandes
Kiwi *Actinidia arguta «Weiki»*		fresco, permeable, rico en nutrientes	ppos. verano blanco	hasta 6 m	hacen falta plantas masculinas y femeninas
Viña virgen *Parthenocissus quinquefolia*		todo tipo de suelos, de secos a húmedos	med./fin.verano blanco	10-15 m	en otoño adquiere una espectacular coloración roja; trepa sin ayudas

Plantas tapizantes

Nombre	Datos abreviados	Suelo	Floración/ color de las flores	Altura/ crecimiento	Peculiaridades
Astilbe enana *Astilbe chinensis* var. *pumila*	☼ ☼	mullido, fresco, húmedo y rico en humus	fin. verano-ppos. otoño rosa liláceo	20 cm produce estolones	crea tapices llanos y completamente cerrados
Betónica *Stachys byzantina*	☼	seco, fresco, arenoso, con gravilla	med./fin. verano rosa pálido	10-40 cm produce estolones	entre rocas; ante muros solea-dos; en arriates de gravilla
Brunera *Brunnera macrophylla*	☼	limoso, fresco y húmedo	ppos./fin. primavera azul luminoso	30-50 cm mata	combina bien con los narcisos; produce muchas semillas
Epimedio *Epimedium pinnatum*	☼ ●	fresco, húmedo, limoso y rico en humus	med./fin. primavera amarillo	20-30 cm produce estolones	hoja perenne; coloración otoñal
Geranio *Geranium renardii*	☼	permeable, arenoso, seco y fresco	ppos./med. verano blanco grisáceo	20-25 cm tapizante	florece en abundancia; hojas ornamentales
Pico de cigüeña *Geranium sanguineum*	☼ ☼	arenoso-limoso, fresco y húmedo	fin. primavera-fin. verano rosa carmín	10-50 cm crece a lo ancho	larga floración, coloración roja en otoño
Tiarela *Tiarella cordifolia*	☼ ●	fresco, permeable, rico en humus	fin. primavera-ppos. verano blanco vaporoso	20-30 cm produce estolones	bajo los árboles; aromática; coloración otoñal
Waldsteinia *Waldsteinia ternata*	☼ ●	mullido, húmedo, fresco, rico en humus	med./fin. primavera amarillo	15-20 cm produce estolones	crecimiento intenso; hoja perenne

Rosales con certificado de calidad

Nombre	Datos abreviados	Suelo	Floración/ color de las flores	Altura/ crecimiento	Peculiaridades
Rosal arbustivo «Burghausen» Híbrido de *Rosa*	☼	limoso, rico en humus, mullido, fresco	ppos. verano-ppos. otoño rojo intenso	180-200 cm trepador	sano; robusto; aroma suave
Rosal arbustivo «Postillion» Híbrido de *Rosa*	☼	limoso, rico en humus, mullido, fresco	ppos. verano-ppos. otoño amarillo	130-160 cm amplio	aroma intenso; flores plenas
Rosal «Nube aromática» Híbrido de *Rosa*	☼	limoso, rico en humus, mullido, fresco	ppos. verano-ppos. otoño rojo coral	70-90 cm estilizado	aroma intenso; flores grandes y plenas
Rosal «Play Rose» de arriate Rosal *Floribunda*	☼	limoso, rico en humus, mullido, fresco	ppos. verano-ppos. otoño rosa intenso	80-100 cm arbustivo	alto; fuerte; flores anchas
Rosal tapizante «Copo de nieve» Híbrido de *Rosa*	☼	limoso, rico en humus, mullido, fresco	ppos. verano-ppos. otoño blanco	40-50 cm aplanado	aroma suave; flores semiplenas

Frutales, hortalizas, hierbas

Nombre	Datos abreviados	Suelo	Cosecha/ partes comestibles	Altura/ crecimiento	Peculiaridades
Ajedrea hisopillo *Satureja montana*	☼	seco, fresco, mullido, con gravilla	todo el año	30-40 cm arbustivo	atrae a las abejas; para condimentar guisos
Cebollino *Allium schoenoprasum*	☼	rico en humus y nutrientes	med. primavera hojas	30-40 cm mata	para condimentar; se asilvestra en los jardines
Hisopo *Hyssopus officinalis*	☼	permeable, seco	todo el año, hojas	hasta 50 cm arbustivo	planta para jardines rurales y borduras
Lavanda *Lavandula angustifolia*	☼	seco, fresco, mullido, con gravilla	todo el año	40-70 cm arbustivo	atrae a las abejas; para almohadillas aromáticas
Levístico *Levisticum officinale*	☼	fresco, húmedo, rico en humus	med. primavera brotes y hojas	hasta 140 cm mata	como condimento para cocinar; perenne
Ruibarbo *Rheum rhaponticum*	☼	limoso, húmedo, rico en nutrientes	ppos. primavera-ppos. verano brotes	60-80 cm mata	perenne, para cocinar y para hacer compotas
Salvia *Salvia officinalis*	☼	permeable, seco	todo el año hojas	40-60 cm arbustivo	para infusiones; como planta ornamental
Tomillo *Thymus vulgaris*	☼	permeable, seco	todo el año, brotes y hojas	20-40 cm arbustivo	para secar; para afirmar zonas del jardín

Verdes compañeras

Nombre	Datos abreviados	Suelo	Color hojas/ forma hojas	Altura/ crecimiento	Peculiaridades
Bambú *Especies de Fargesia*	☼ ●	fresco, rico en humus	verde claro, alargadas	3-4 m	hoja perenne; no hacen falta protecciones contra los rizomas
Helecho macho *Dryopteris filix-mas*	☼ ●	poco exigente, fresco y húmedo	verde claro, ligeramente colgante	60-100 cm	fácil de cultivar; necesita una elevada humedad ambiental
Lengua de ciervo *Phyllitis scolopendrium*	☼ ●	permeable, rico en humus, fresco, húmedo	verde claro, con forma de lengua	20-40 cm	perenne; fácil de cultivar
Lúzula de bosque *Luzula sylvatica*	☼ ●	fresco, húmedo, rico en humus	verde claro con franjas blancas	30-50 cm	hoja perenne; brota pronto; longeva
Molinia *Molinia arundinacea*	☼ ☼	poco exigente, cálido, de seco a húmedo	verde jugoso, colgante	hasta 2 m	color amarillo en otoño; magnífica

Calendario de trabajo

Mediados de invierno-mediados de primavera: La puesta en marcha del jardín

MEDIADOS DE INVIERNO

➤ **Planificar:** Aproveche los días cortos y fríos del invierno para repasar los catálogos de plantas y leer libros de jardinería. Úselos como fuentes de inspiración.

➤ **Organizar:** Dibuje un plano de su jardín y vaya probando distintas distribuciones.

➤ **Cuidar:** Los días en que no hiele: compruebe las protecciones contra el viento; riegue las plantas de hoja perenne y revise las herramientas.

FINALES DE INVIERNO

➤ **Planificar:** Haga ya sus pedidos de plantas para que se las puedan suministrar a tiempo. Anote las precipitaciones, las temperaturas y las horas de sol en el jardín. Observe los rincones del jardín en los que se funde la nieve: son señal de un microclima cálido.

➤ **Construir:** Si se van a efectuar obras de importancia, ahora es el momento de empezar los preparativos.

➤ **Cuidados:** Efectúe las podas de aligeramiento en árboles y arbustos. Riegue las plantas de hoja perenne.

Finales de primavera-Finales de verano: Todo funciona a pleno rendimiento

FINALES DE PRIMAVERA

➤ **Organizar:** Colocar o mejorar el césped.

➤ **Plantar:** En las zonas frías, sacar al exterior las hortalizas jóvenes y las hierbas anuales (como perejil, albahaca, etc.).

➤ **Cuidados:** Cortar el césped. Abonar, fertilizar y acolchar. Atar las plantas trepadoras. Si el tiempo es muy seco, regar frecuentemente y a fondo y mullir el suelo de vez en cuando.

PRINCIPIOS DE VERANO

➤ **Planificar:** Siga anotando en su libreta: ¿Cómo se desarrolla cada planta? ¿Qué le gustaría cambiar en otoño? ¿Dónde haría falta tener más sombra? ¿Qué habría que podar?

➤ **Organizar:** Cambie la distribución de la terraza y del lugar de descanso.

➤ **Cuidados:** Abone por segunda vez el césped y las matas. Primera siega de los prados. Riegue si hace calor. Corte las matas con flores y las flores de verano.

Principios de otoño-Principios de invierno: El jardín vuelve a descansar

PRINCIPIOS DE OTOÑO

➤ **Planificar:** Planifique los cambios o renovaciones de matas y arbustos ornamentales.

➤ **Plantar:** Plante bulbos de flores. Prepare los hoyos y arriates para la plantación de otoño. Es el momento de mullir el suelo y enriquecerlo con compost y abono orgánico.

➤ **Cuidados:** Pode los setos perennes. Es un buen momento para renovar el césped.

MEDIADOS DE OTOÑO

➤ **Plantar:** Ultima oportunidad para plantar bulbos de flores. Los rosales, matas y arbustos florales siguen creciendo bien.

➤ **Construir:** Cuando se acaben los calores del verano es un buen momento para efectuar algunas obras de consideración.

➤ **Cuidados:** Aún puede plantar algunos bulbos de flores. Proteja las hortalizas contra las heladas.

PRINCIPIOS DE PRIMAVERA

➤ **Planificar:** Observe bien su jardín y anote los posibles cambios. Organice los pedidos de semillas junto con sus vecinos.

➤ **Construir:** Continúe las obras. Revise las vallas, muros y pavimentos y repare lo que sea necesario.

➤ **Plantar:** Arbustos ornamentales, rosales, matas.

➤ **Cuidados:** Podar o segar los arriates de matas, mullir el suelo, eliminar malas hierbas, cortar el césped por primera vez.

MEDIADOS DE PRIMAVERA

➤ **Planificar:** Últimos pedidos de plantas; de lo contrario, retrasar la plantación hasta el otoño.

➤ **Organizar:** Acondicionar el lugar de descanso y sacar los muebles al exterior, preparar un cajón para guardar las fundas cuando llueva.

➤ **Plantar:** También matas, arbustos.

➤ **Cuidar:** Abonar el césped, los arbustos, los árboles y las matas. Aligerar los arbustos frutales, acolchar los fresales. Revisar los sistemas de riego y ponerlos en marcha.

MEDIADOS DE VERANO

➤ **Planificar:** Sacar partido de las anotaciones efectuadas en primavera. Encargar bulbos para el próximo otoño.

➤ **Organizar:** Plantar cólquicos.

➤ **Cuidar:** Vigilar los rosales por si aparecen hongos, cortar los tallos afectados o tratarlos con un fungicida apropiado. Cortar las flores marchitas. Regar abundantemente el césped dos veces a la semana. Eliminar las malas hierbas y labrar el suelo.

FINALES DE VERANO

➤ **Planificar:** Continúe tomando notas en su libreta. Encargue el material necesario para tratar los árboles en otoño.

➤ **Organizar:** Dedique las tardes a disfrutar intensamente de su jardín.

➤ **Cuidar:** No corte el césped si el tiempo es muy seco. Proteja las matas altas. Corte las flores viejas y añada compost a los arriates que ya hayan sido cosechados. Revise las plantas trepadoras para asegurarse de que están bien sujetas, pode los setos.

FINALES DE OTOÑO

➤ **Planificar:** Solicite nuevos catálogos de plantas.

➤ **Plantar:** Aún se pueden plantar árboles y arbustos. A pesar del clima, se puede seguir regando en abundancia.

➤ **Cuidar:** Acolchar los arriates; se puede hacer con hojarasca. Atar juntos los bambúes, sujetar los rosales. Regar abundantemente las plantas de hoja perenne y darles protección si es necesario. Prepare los sistemas de riego para que resistan bien el invierno. Añada compost.

PRINCIPIOS DE INVIERNO

➤ **Planificar:** Saque conclusiones de sus anotaciones y empiece a pensar en los cambios a realizar en la próxima primavera.

➤ **Cuidar:** Coloque protecciones invernales para las plantas delicadas que las necesiten. Riegue las plantas de hoja perenne en los días en que no se produzcan heladas. Evite que se acumule nieve sobre los bambúes. Aproveche esta época para limpiar y poner a punto todas las herramientas.

Los números expresados en **negrita** hacen referencia a las ilustraciones

Debido a las grandes diferencias climáticas y microclimáticas existentes, hemos establecido los criterios hortícolas pensando en un jardín de una zona templada media, sin grandes heladas invernales ni un calor sofocante en verano. Por lo tanto, cada lector deberá adelantar o retrasar las labores correspondientes dependiendo de si su jardín se halla en una zona más cálida o más fría que la media considerada.

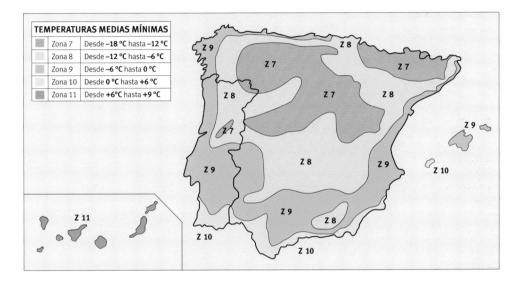

TEMPERATURAS MEDIAS MÍNIMAS	
Zona 7	Desde –18 °C hasta –12 °C
Zona 8	Desde –12 °C hasta –6 °C
Zona 9	Desde –6 °C hasta 0 °C
Zona 10	Desde 0 °C hasta +6 °C
Zona 11	Desde +6°C hasta +9 °C

ANALIZAR EL JARDÍN

Conozca a fondo su jardín y anote la trayectoria del sol, la pluviosidad y la dirección de los vientos dominantes. Señale los lugares especiales (por ejemplo, a la sombra de los árboles) en un **plano del jardín** y determine el tipo de suelo. Todos estos datos le serán de gran utilidad para la planificación.

Para que su jardín sea fácil de cuidar

CONSTRUIR CON CALIDAD

En la construcción de los elementos fijos tales como vallas, caminos y separaciones sale a cuenta emplear materiales de buena calidad y que luego no necesiten muchos cuidados. La madera de **falsa acacia** y las **losas de piedra natural** son caras, pero duran mucho y se amortizan perfectamente.

APROVECHAR LA TÉCNICA

Existen muchos medios técnicos que le pueden facilitar las labores del jardín: Los **sistemas de riego automático** se encargan de regar con precisión y ayudan a ahorrar agua. Las **podadoras eléctricas para setos** y las cortacéspedes son una gran ayuda para realizar los trabajos rutinarios.

ABONAR EQUILIBRADAMENTE

Para evitar problemas es necesario que el ja reciba el adecuado aporte de nutrientes. Para que las plantas **se desarrollen en primavera** es imprescindible abonarlas correctamente. Aproveche las ventajas de l abonos a largo plazo y los **abonos especiales**.

CREAR LA ESTRUCTURA

Planifique y distribuya su jardín de fuera hacia dentro. Delimite sus lindes con **vallas** y **setos**, y estructure el jardín con **caminos**. Cuando la estructura básica ya esté lista podrá distribuir sus elementos favoritos y colocar plantas fáciles de cuidar.

CREAR ESPACIOS

Separe los distintos elementos tales como césped, lugar de descanso, arriates de matas y huerto. La **distribución** del jardín será más **interesante** y variada. Para simplificar sus cuidados se pueden colocar **borduras de piedra** para delimitar el césped.

Nuestros 10 consejos básicos

COMPRAR CALIDAD

A la hora de adquirir las plantas, elija solamente ejemplares de **primera calidad**: las plantas deberán ser muy frescas, tendrán las raíces bien desarrolladas y estarán completamente libres de parásitos. Sea muy **crítico** con las **ofertas** y compre solamente en un establecimiento que merezca toda su confianza.

PLANTAR CORRECTAMENTE

Tenga en cuenta la ubicación que necesita cada planta y las **características de su jardín**. Elija plantas de especies y variedades que sean sanas, fuertes y resistentes al frío. Un **suelo bien preparado** y una buena técnica para plantar constituyen la mejor base para que sus plantas puedan gozar de una larga vida.

ACOLCHAR CORRECTAMENTE

El acolchado se esparce sobre el suelo como una capa protectora y lo proteje de **la deshidratación** y **la compactación**. Inhibe el crecimiento de las malas hierbas, y las matas, setos y arbustos ornamentales se desarrollan rápidamente hasta alcanzar su pleno desarrollo y su máxima belleza.

VIGILAR LA LLEGADA DEL INVIERNO

Antes de que lleguen las primeras heladas, traslade las plantas de jardineras a un lugar fresco pero bien iluminado (por ejemplo, el hueco de la escalera), **riegue** las plantas de hoja perenne los días en que no hiele y **cubra** los injertos de los rosales con una capa de acolchado de unos 20 cm de espesor.

Directora de la colección: **Carme Farré Arana.**

Título de la edición original: **Pflegeleichte Gärden.**

Es propiedad, 2004
© **Gräfe und Unzer Verlag GmbH,** Munich.

© de la traducción: **Enrique Dauner.**

© de la edición en castellano, 2005:
Editorial Hispano Europea, S. A.
Primer de Maig, 21 - Pol. Ind. Gran Via Sud
08908 L´Hospitalet Barcelona, España.
E-mail: hispanoeuropea@hispanoeuropea.com

Depósito Legal: B. 22389-2005.

ISBN: 84-255-1589-0.

Consulte nuestra web:
www.hispanoeuropea.com

ADVERTENCIAS IMPORTANTES

> Algunas de las plantas mencionadas en este libro son venenosas o irritantes. No hay que consumirlas.
> Guarde los abonos en un lugar fuera del alcance de los niños y animales domésticos.
> Si se hace alguna herida trabajando en el jardín es necesario que acuda a su médico de cabecera lo antes posible. Podría ser necesario administrarle la vacuna antitetánica.

ACERCA DEL AUTOR

Thorsten Willmann es jardinero profesional. Ha ejercido en Alemania, Francia e Inglaterra donde ha adquirido una notable experiencia práctica. Desde hace años se dedica a crear jardines fáciles de cuidar.

AGRADECIMIENTOS

El editor, el autor y los fotógrafos agradecen la ayuda desinteresada de las empresas W. Neudorff GmbH KG y Gardena. El editor y la fotógrafo Renate Wiedner agradecen a la señora Sieglinde Hanrieder, de Munich, por preparar parte de su jardín para la realización de algunas de las fotografías que aparecen en este libro (págs. 4/5, 17, 38).

Crédito de fotografías:
Borstell: 10, 18, 24, 28, 29, 34, 43 cen., 64; Fischer: 45 izqda.; Flieger/Flora/Picture Press: 21; Gardena: 22, 23, 35; GBA/Engelh.:43 dcha.; GBA/GPL/Glover: 14 dcha.; GBA/GPL/Sira: 32; GBA/GPL/Sutherland: 12; GBA/Noun: contraportada izqda., contraportada cen.; GBA/Perder: 15; Jahreiss: Portada, 3; Kordes: 7; Nature & Science/Kooimann: 47 cen.; Nature & Science/Seibold: 49 cen.; Neudorff: 39; Nickig: 19 dcha. inf., 26, 44 izqda., 45 dcha., 48 izqda., 49 dcha., contraportada dcha.; Pforr: 42 dcha., 45 cen., 46 izqda.; Photo Press/Rutel: 19 dcha. sup.; Redeleit: 14 izqda., 36, 43 izqda., 49 izqda.; Reinhard: 6, 8 izqda., 20, 25 dcha. sup., 42 izqda., 44 dcha., 46 dcha., 47 izqda., 48 dcha.; Schneider/Will: 9, 13, 40/41; Storck: 8 dcha.; Strauss: portada interior/1, 2/3, 11, 16, 25 dcha. inf., 33 dcha. sup., 33 dcha. inf., 47 dcha., Wiener: 4/5, 17, 27, 38 **Ilustraciones:** Métodos de poda: Heidi Janicek; Planos de distribución: Judith Starck: 19 izqda., 25 izqda., 30, 31, 33 izqda.. **Fotos de las portadas y del interior:** Portada: Arriate de matas fáciles de cuidar; interior de portada/página 1: muro de piedra seca con altramuces, lavandas y geranios; páginas 4/5: colocación de acolchado de corteza triturada; páginas 40/41: peonía «Alma Hauser»; página 64: tomillo alrededor de una columna; contraportada: arriate con geranios, altramuces y hierba gatera (izqda.); lugar de reposo con muebles de teca (cen.); verja de hierro forjado con hortensias (dcha.).

IMPRESO EN ESPAÑA   PRINTED IN SPAIN

LIMPERGRAF, S. L. - Mogoda, 29-31 (Pol. Ind. Can Salvatella) - 08210 Barberà del Vallès